AF343522

Lin 27 20396

HISTOIRE

DE

VIDOCQ.

IMPRIMERIE DE CHASSAIGNON.

VIDOCQ, arrête des Brigands qui attaquaient la Diligence, dans la Forêt de Sénart.

HISTOIRE

DE

VIDOCQ,

CHEF DE LA BRIGADE DE SURETÉ

DE LA PRÉFECTURE DE POLICE,

Depuis 1812 jusqu'en 1827,

MAINTENANT PROPRIÉTAIRE ET MANUFACTURIER
A SAINT-MANDÉ ;

Ses Aventures, ses Amours, et Particularités très-cu-
rieuses sur les grands Coupables, le Assassins, les
Voleurs et les Filous qu'il a arrêtés.

PAR G....

PARIS,

CHASSAIGNON, IMPRIMEUR-LIBRAIRE,
Rue Gît-le-Cœur, n° 7.

1829.

PRÉFACE.

Vidocq a su attacher une sorte de célébrité à son nom : il la doit à la place de chef de brigade de la police de sûreté.

Cet emploi l'a arraché à l'obscurité dans laquelle il eût été enseveli ; car, heureusement pour lui, il n'avait pas assez marqué dans la classe où la destinée paraissait l'avoir placé pour être regardé comme un *chef de file*.

Si nous en croyons ses Mémoires, il a déployé dans mille circonstances de sa vie du courage, de l'adresse, de l'audace, de la présence d'esprit, de la ruse et de l'intelligence.

On pourrait bien lui reprocher de

temps en temps une morale un peu relâchée ; mais, soyons vrais, ce n'est peut-être pas tout-à-fait sa faute.

On ne peut lui refuser de l'esprit naturel et des qualités qui auraient pu en faire un homme qu'on eût cité avec éloge, s'il eût été imbu d'autres principes que de ceux qu'il avait puisés dans les sociétés qu'il fréquentait, et les lieux qu'il a habités pendant une grande partie de son adolescence, de sa jeunesse, et plusieurs années de son âge mûr.

Cependane, tel qu'il est, Vidocq ne doit point être considéré comme un être ordinaire ; ses Mémoires inté-ressent.

Vidocq a rempli des fonctions qui lui ont fait beaucoup d'ennemis.

Il a encore trouvé des envieux, des jaloux et des ingrats. Il a fait fortune, disent - ils ; tant mieux pour lui! Il a saisi la balle au bond; il a bien fait.

Il est libre et indépendant ; il rit et se moque de ses détracteurs, et il agit avec un grand sens.

Que de gens crient après lui, le montrent au doigt, qui ne pourraient supporter la comparaison, si on mettait au grand jour toutes les actions de leur vie.

Nous avons cru rendre un service à la société, et satisfaire la curiosité d'une foule de lecteurs, en publiant cet ouvrage.

Nous avons mis l'histoire de Vidocq à la portée de tout le monde. Ses Mémoires étaient d'un prix trop élevé pour beaucoup de gens qui désiraient connaître celui dont le nom était répété par les cent voix de la Renommée.

Dans cet abrégé, nous n'avons rien omis d'essentiel ; nous avons éloigné ce qui nous a paru inutile, sans nuire à l'intérêt, et nous espérons que ce petit ouvrage obtiendra quelque succès.

HISTOIRE

DE

VIDOCQ.

VIDOCQ est né à Arras, le 23 juillet 1775; ce fut aussi la patrie de Robespierre et de Joseph Le Bon.

Le tonnerre gronda le jour de sa naissance, et la sage-femme qui accoucha sa mère, joignant à ce talent celui de tirer les cartes, annonça que le nouveau-né ferait nécessairement du bruit dans le monde. Cette prédiction s'est réalisée, car Vidocq a certainement acquis une grande réputation, et la trompette

1.

de la renommée a publié ses faits et gestes.

Son père était boulanger. Il annonça dès son enfance qu'il serait fort et vigoureux. Nous passerons rapidement sur les premières années de la vie de cet homme célèbre. La maison de son père était située sur la place d'armes de la ville d'Arras ; et comme il était pourvu d'assez mauvaises inclinations, dès l'âge de huit ans il se battait sans cesse avec les polissons de son âge, et tuait les chiens et les chats. A treize ans, il commença à fréquenter les militaires de la garnison, et apprit à manier le fleuret. Comme ces sociétés ne convenaient pas à son père, il lui annonça qu'il fallait qu'il songeât à faire sa première communion, pour se mettre ensuite au *pétrin*, afin de lui succéder lorsqu'il aurait acquis les connaissances et les talens nécessaires pour exercer la profession de boulanger.

Il entra en fonctions, et commença à porter le pain en ville, et il en profitait pour fréquenter la salle d'armes. Ses parens fermaient les yeux sur sa conduite, mais ils s'aperçurent qu'il mettait trop souvent la main dans le comptoir, ainsi que son frère aîné ; on envoya ce dernier à Lille, et on eut soin de fermer exactement le tiroir, en sorte qu'il ne fut plus possible de faire main-basse sur la recette.

Le papa Vidocq signifia en outre à son cher fils qu'il voulait qu'il fût plus sédentaire à la maison, ce qui contraria beaucoup notre jeune homme. Il fit part de ses chagrins à un nommé Payant, autre mauvais sujet de ses amis, qui lui conseilla de prendre de l'argent dans le comptoir, en passant par l'ouverture une plume enduite de glu; ce moyen était lent et peu productif, Payant fit fabriquer une fausse clé, alors la moisson fut plus abondante, et Vidocq put satisfaire son penchant pour la débauche, avec les autres libertins d'Arras, qui étaient assez nombreux. Mais comme tout a une fin, son père le prit un jour sur le fait, comme il ouvrait le comptoir; il s'empara de la clé, et le corrigea sévèrement.

Vidocq ne pouvant plus se procurer d'argent, prenait du pain et le vendait pour son compte; il s'emparait du sucre, du café, du vin, jusqu'aux poulets de la basse-cour : ils le trahirent un jour par leurs cris indiscrets, ce qui lui valut quelques soufflets.

Au lieu de faire un heureux retour sur lui-même, il résolut de voler l'argenterie de la maison ; il confia son projet à Payant, son ami, qui le fortifia dans sa résolution. Le lendemain, il s'empara de dix couverts et de dix cuillers à café ; il les mit en gage pour cent cinquante francs, et deux jours après, tout était dissipé. Il n'avait pas osé reparaître à la maison paternelle ; on le fit arrêter, et il resta dix jours en prison, par forme de correction ; enfin il obtint son pardon, et il rentra chez son père.

On le surveillait avec le plus grand soin, et cela le chagrinait ; il consulta de nouveau son oracle Payant, qui lui conseilla encore de voler son père. Il fit cependant quelques observations, mais enfin le génie du vol l'emporta, et il employa une ruse, de concert avec Payant, pour faire sortir sa mère, afin d'exécuter le larcin.

Payant vint lui annoncer que son fils avait eu une dispute dans un cabaret, et brisait tout ce qui lui tombait sous la main; la mère courut pout empêcher son fils de faire quelques sottises. Vidocq profita de son absence, et, avec l'aide de Payant, il força le comptoir, et enleva une somme de deux mille francs qui s'y trouvait. Il s'enfuit avec son complice, et après avoir partagé le vol, Vidocq partit pour Lille.

Il arriva à Lens assez fatigué, et

comme il rencontra une voiture qui se rendait à Lille, il s'arrangea avec le conducteur, et monta près de lui ; il se arriva bientôt dans cette ville, et continua sa route pour Dunkerque, afin de s'éloigner davantage, et qu'on ne pût marcher sur ses traces.

Il avait envie de s'embarquer. Il partit ensuite pour Calais ; mais comme on lui demanda une somme trop considérable pour le conduire au Nouveau-Monde, il espéra être plus heureux à Ostende ; il arriva dans cette ville, et fut encore désapointé.

Il ne savait quel parti prendre, lorsqu'il fut accosté par un étranger, qui lui offrit de lui être utile, car il s'aperçut de son embarras, et Vidocq lui en fit la confidence ;

ils se rendirent donc ensemble a Plakemberg.

Ils entrèrent dans une maison où il fut très-bien reçu, sous les auspices de son conducteur. Vidocq était enchanté; il soupa bien, but de même, et les fumées du vin lui ayant porté à la tête, il s'endormit.

Le froid le réveilla, et il se trouva sur le port, couché au milieu des cordages, et n'ayant plus que six francs dans sa poche. Il s'aperçut trop tard à quelle espèce de gens il avait eu affaire.

Il retourna à son auberge, paya ce qu'il devait, et on lui rit au nez lorsqu'il raconta son aventure. Il ne savait plus à quel saint se vouer, lorsqu'il entendit le son d'une trompette; c'était un paillasse qui, monté sur des planches soutenues par deux traiteaux, annonçait au public une ménagerie d'animaux vivans.

Il approcha de la baraque, et lorsque paillasse eut fini de sonner de la trompette, et se fut donné carrière pour engager, par ses grimaces et ses lazzis, les spectateurs à visiter la ménagerie, Vidocq s'approcha de lui, et l'invita à se rafraîchir.

Paillasse n'était pas homme à refuser une aussi galante partie, et après avoir bu quelques verres de vin, Vidocq lui demanda sa protection pour entrer dans la troupe; paillasse lui promit de parler en sa faveur au chef la ménagerie : c'était le fameux Cotte-Comus, qui avait joint à ses quadrupèdes une troupe de funambules. D'après la recommandation du paillasse, Vidocq fut admis dans la troupe. Comme il ne savait ni danser sur la corde, ni faire la cabriole, il fut chargé de nettoyer les quinquets, d'allumer les lampions, d'avoir soin des animaux, et de balayer la salle de spectacle.

Les singes et les magots, n'étant pas encore familiarisés avec lui, lui donnaient quelques coups de griffes; et pour qu'il montrât plus d'activité dans l'exercice de ses fonctions, le directeur lui administrait de son côté quelques coups de cravache, en ajoutant pour son déjeûner un morceau de pain bis tellement dur, qu'il ne pouvait le broyer, quoiqu'il eût les dents excellentes. Il regrettait alors la maison paternelle, mais il était un peu trop tard.

Un matin qu'il était livré à ses réflexions, étendu sur la paille qu'il partageait avec les hôtes de la ménagerie, le saltimbanque Comus vint lui annoncer qu'il le destinait à jouer un autre rôle que celui d'allumeur, et qu'il allait le mettre entre les mains du sieur Balmate, pour qu'il apprît à faire des tours de souplesse.

Le maître entra de suite en fonctions, et Vidocq commença à faire les sauts de carpe, de singe, de poltron et de l'ivrogne. On lui disloquait les membres pour le mettre en état de paraître en public ; il s'en plaignit ; on lui répondit par des coups de cravache, et il fut renvoyé à l'éclairage. Un nommé Garnier, autre acteur de la troupe de Comus, le prévint qu'il allait faire de lui un sauvage de la mer du Sud, un anthropophage, et il ajouta : «Tu mangeras de la chair crue, tu mettras des cailloux dans ta bouche, et tu feras des gambades comme le jocko de la Ménagerie. »

Vidocq voulut faire quelques observations, mais on lui montra la redoutable cravache, et il garda le silence en se résignant à son sort.

Alors on lui présenta un coq avec les plumes, en lui intimant l'ordre de lui donner un coup de dent pour qu'il apprît à manger de la chair crue.

Vidocq refusa, il s'éleva une altercation entre le maître et l'élève, et il demanda son congé. On le gratifia de gourmades ; il s'arma d'un pieu pour se défendre ; toute la troupe, jusqu'aux chiens savans, s'élança sur lui, et il fut mis à la porte après avoir été roué de coups.

Vidocq battu, meurtri et à jeun, se réfugia dans un cabaret où il rencontra un directeur de marionnettes qu'il avait déjà vu plusieurs fois, et qui dînait avec son épouse. Il leur demanda à les seconder dans leur entreprise ; il fut agréé, et il entra de suite en fonctions. On lui offrit en outre de partager le dîner, ce qu'il accepta avec autant d'empressement que de plaisir.

Il y avait à peine quelques jours qu'il était le commensal des marionnettes, lorsque madame la directrice lui avoua qu'il avait trouvé le chemin de son cœur ; et pour lever tous ses doutes, elle lui en donna la preuve. Tous ses jours étaient donc filés d'or et de soie ;

mais ils s'oublièrent pendant une représentation, au point de ne pas donner assez promptement une des marionnettes au directeur. C'était le diable qui devait emporter polichinelle : la scène manqua.

Le directeur se retournant, aperçut Vidocq qui recevait un baiser de sa chaste épouse ; il donna un coup de crochet dans l'œil de l'infidèle ; les deux époux en vinrent aux mains, la salle de spectacle fut renversée ; les spectateurs, témoins du combat, crièrent bravo, et Vidocq échappa à la bagarre en prenant la fuite.

Le voilà donc encore sans place ; il songea alors à retourner à Arras, mais comment faire la route sans argent ?

Son heureuse étoile lui fit rencontrer un charlatan qui se rendait à Lille, et qui vendait de l'opiat pour les dents, les arrachait sans douleur, et ajoutait à ce précieux talent celui d'enlever les cors et les durillons. Vidocq se mit à son service, et prenant un paquet sur son dos, il suivit la grande route avec son nouveau maître, qui se nommait le père Godard.

Ils marchaient depuis long-temps; il faisait nuit, et ils arrivèrent dans un village. Le père Godard frappa à la porte d'une auberge ; on lui demanda son nom, et lorsqu'il se fit connaître, la porte s'ouvrit ; ils entrèrent dans une salle assez éclairée, et se trouvèrent au milieu d'une vingtaine de colporteurs, bateleurs et marchands de toute espèce, qui accueillirent le père Godard avec autant d'empressement que d'amitié, et le firent placer à table à côté d'eux. Vidocq allait suivre cet exemple, mais l'hôte, lui frappant sur l'épaule, le conduisit dans une grange où se trouvaient des confrères qui fumaient, buvaient et jouaient aux cartes.

Il fut admis dans la bande joyeuse, et peu de temps après, on lui apporta une gamelle de bois dans laquelle nageait un morceau de viande au milieu des navets et des carottes humectés d'eau de vaisselle qui formait la sauce.

Lorsqu'il eut terminé ce modeste et frugal repas, il s'étendit sur la paille, auprès d'un chameau, de deux ours, d'une douzaine de chiens savans, sans parler de ses collègues les paillasses.

Le jour parut, le père Godard l'appela ; sa toilette fut bientôt faite, et ils se mirent en route pour Lille. Arrivés dans cette ville, dès le lendemain au matin, son patron le conduisit sur la grande place, et lui ordonna de préparer la table et les bouteilles d'élixir. Comme il avait déjeûné, que son emploi ne lui convenait pas, et qu'il se trouvait à dix lieues d'Arras, il quitta le père Godard, et dirigea ses pas vers la maison paternelle.

Il arriva vers le soir aux portes de la ville, comme on allait les fermer ; il entra et se présenta en tremblant chez son père. Sa mère était seule ; il tomba à ses genoux, pleura, témoigna du repentir, et obtint son pardon. Elle l'établit dans son ancienne chambre et lui donna à manger. Mais comme elle n'osait pas annoncer son arrivée à son mari, l'aumônier du régiment d'Anjou, qui était en garnison dans cette ville, fut chargé de cette commission, et le père Vidocq, après avoir juré et tempêté, finit par accorder une grâce entière au moderne enfant prodigue.

Vidocq, toujours incorrigible, reprit ses anciennes habitudes ; il fit la connaissance d'une actrice de la troupe des comédiens qui se trouvait à Arras, et partit pour Lille avec elle.

Vidocq vint à manquer d'argent, l'amour de la belle s'évanouit, et elle lui donna son congé. Il revint à Arras, et s'enrôla dans le régiment de Bourbon qui y tenait garnison.

Vidocq entra dans la compagnie des chasseurs ; comme il était d'un caractère un peu emporté, il eut quelques démêlés avec ses camarades, et il s'en tira tantôt bien, tantôt mal.

Il avait adopté le surnom de Sans-Gêne ; il vivait des libéralités de sa mère, et aux dépens de quelques-unes de ses maîtresses, qui voulaient bien pourvoir à ses plaisirs.

Il avait été condamné à quinze jours de prison, pour avoir manqué trois fois de suite à l'appel. Un de ses amis, soldat dans son régiment, fut mis dans le même cachot, comme accusé de vol. Il lui fournit les moyens de s'évader, en enlevant une barre de fer de l'une des fenêtres, et il sut par ce moyen le soustraire au châtiment auquel il n'eût pas manqué d'être condamné.

Vidocq sortit de prison ; la guerre ayant été déclarée à la France, le régiment de Bourbon partit d'Arras ; il suivit son corps, et se trouva au combat de Marquain de Maulde et à la bataille de Valmi, près le camp de la Lune. Il devint caporal de grenadiers, mais ayant eu une querelle avec son sergent-major, il fut mis à la garde du camp.

Comme il était question de le traduire devant un conseil de guerre, il déserta, se rendit à Vitry-le-Français, s'enrôla dans le 11ᵉ régiment de chasseurs à cheval, et partit pour Philippeville, où était le dépôt.

Il rencontra à Châlons un Picard, soldat au régiment de Beaujolais, qui avait trouvé un portefeuille rempli d'assignats; comme il n'en connaissait pas la valeur, il consulta Vidocq, qui lui en enleva une partie, ce qui lui procura les moyens de faire la route plus agréablement jusqu'à Philippeville. Après avoir passé quelques temps au dépôt, il rejoignit son régiment, et assista à la bataille de Jemmapes. On vint lui annoncer qu'il était soupçonné d'être déserteur, et qu'il courait risque d'être arrêté; il monta à cheval, et passa à l'ennemi. Arrivé aux avant-postes, il s'enrôla dans le régiment de cuirassiers de Kimki.

Comme il ne voulait pas se battre contre les Français, il feignit d'être malade, et fut envoyé à l'hôpital de Louvain. Il donna des leçons d'escrime aux officiers qui se trouvaient dans cette ville et obtint leur protection; mais il en abusa au point d'avoir une querelle avec un brigadier, ce qui le fit condamner à recevoir vingt coups de *schlag* à la parade.

Il était très-fâché d'avoir subi cette correction, et il quitta le régiment pour suivre, en qualité de domestique, un lieutenant qui se rendait à une autre armée. Arrivé près du Quesnoi, il abandonna son nouveau maître et prit la route de Landrecie. Dans cette ville, il s'annonça comme un déserteur belge, et s'enrola dans dans le 14e régiment d'infanterie légère qui faisait partie de l'armée de Sambre-et-Meuse, et il partit pour Aix-la-Chapelle. Il rencontra à Rocroi le 11e régiment de chasseurs d'où il avait déserté ; son ancien capitaine, qui lui portait de l'intérêt, oublia sa faute, et voulut bien lui permettre de rentrer dans le régiment ; ses camarades le revirent avec plaisir.

Tout allait pour le mieux, lorsqu'il fit la connaissance de la gouvernante d'un vieux garçon qui demeurait dans cette ville. Cette fille se nommait Manon ; elle fournissait à tous ses besoins, afin de lui prouver son amour. Son maître l'accusa de vol , et elle fut arrêtée. Craignant de perdre son amant, elle le présenta comme son complice ; mais Vidocq prouva son innocence de l'aveu même de Manon, qui se repentit de l'avoir calomnié, et il sortit de la maison d'arrêt de Stenay où il avait été conduit.

Rentré au régiment, on n'en tint pas moins quelques propos sur son compte : il eut différens duels avec des soldats de son corps ; il en blessa quelques-uns, et finit par l'être lui-même. Conduit à l'hôpital, il guérit avec peine au bout d'un mois ; et, pour éviter de nouvelles querelles, ses chefs lui donnèrent un congé de six semaines.

Il partit pour Arras, et il trouva son père, à son arrivée, qui avait obtenu un emploi et qui était chargé de la fabrication du pain pour l'armée. Vidocq entra en subsistance dans le 2ᵉ bataillon de la Corrèze.

Son congé étant expiré, il rejoignit le 11ᵉ régiment à Givet, et fut blessé dans une affaire qui eut lieu près de Namur ; il entra à l'hôpital, et il fut dirigé ensuite sur le dépôt.

Il s'enrôla plus tard dans la légion Germanique, et y fut admis avec le grade de maréchal-des-logis; sa blessure s'étant rouverte, il obtint de nouveau un congé, et retourna à Arras.

Le premier objet qui s'offrit à ses yeux, en entrant dans cette ville, ce fut la guillotine. Il est vrai que Joseph Lebon y avait établi son domicile, c'est en dire assez.

Vidocq reprit ses anciennes habitudes; il fit de nouvelles connaissances, et donna tout son temps aux plaisirs. Il se trouva en rivalité avec un ex-musicien d'un régiment d'infanterie, retiré à Arras; il le provoqua en duel, et fût arrêté.

Joseph Lebon fit une visite dans

la prison; il reconnut Vidocq, et par égard pour sa mère, et un nommé Chevalier qui était l'ami du terrible proconsul, il recouvra sa liberté. On le conduisit à la Société patriotique : il jura fidélité à la république, haine à la tyrannie, et rentra au dépôt du régiment dans lequel il avait été mis en subsistance.

Il alla remercier le patriote Chevalier, auquel il devait sa liberté; il vit sa sœur, elle se prit d'une belle passion pour lui, et il fut question de les marier; mais comme on le trouva trop jeune, l'affaire fut ajournée. Il ne crut pouvoir mieux faire que de reprendre du service, comme sous-lieutenant dans un bataillon de volontaires, qui reçut l'ordre de quitter Arras.

Ce bataillon fut cantonné dans le village de Saint-Silvestre-Capelle, près Bailleul ; Vidocq fut logé chez le maire de cette commune. La vieille domestique de ce fonctionnaire s'enflamma pour lui, et ne pouvant résister à l'amour qui la tourmentait, elle vint le trouver la nuit dans sa chambre. Vidocq, réveillé en sursaut, fit du bruit ; le maire se réveilla et voulut en connaître la cause ; il vint dans la chambre de Vidocq, et fit rentrer sa domestique dans la sienne , après lui avoir reproché son amoureuse incartade. Cette aventure fut racontée le lendemain, et amusa les plaisans du village.

Le bataillon fut ensuite dirigé sur Poperingue ; il eut une affaire dans laquelle il fut blessé ; il prit un billet d'hôpital pour Saint-Omer, et deux mois après il rejoignit à Hasebrouk ; son bataillon fut licencié, et il entra dans le 28e des Volontaires qui marchait sur Valenciennes. Ce bataillon fut cantonné à Fresne, Vidocq y fit la connaissance de la fille d'un patron de barque, avec laquelle il fut sur le point de se marier ; mais ayant eu la preuve de son infidélité et de la préférence qu'elle accordait à un médecin, il la quitta à Lille, où il s'était rendu avec elle pour aller ensuite à Arras chercher ses papiers qui lui étaient nécessaires pour se marier. Il renoua de nouvelles intrigues dans cette ville, et fut arrêté déguisé en femme, lorsqu'il cherchait à s'introduire dans une maison pour rendre visite à une nouvelle maîtresse. On le mit en liberté, et il partit enfin pour Arras.

Il revit le patriote Chevalier et sa sœur; leur liaison devint plus intime. L'amante annonça bientôt qu'elle était enceinte, et pour réparer, autant que possible, la brèche faite à son honneur, les deux familles arrêtèrent le mariage ; mais cette grossesse n'était que simulée, c'était une ruse de guerre pour hâter leur union : la demoiselle Chevalier lui en fit l'aveu lorsque le mariage fut consommé. Vidocq n'en fut pas fâché, et comme sa famille le tourmentait, il se décida à rejoindre un régiment ; son épouse ne lui inspirait plus que de l'indifférence, et il partit pour Tournai.

Un ancien capitaine du régiment de Bourbon, qu'il avait connu à

Arras, et qui était dans cette ville, l'ayant reconnu, lui proposa de l'employer près de lui ; il était alors adjudant-général, et chargé de l'habillement d'une division : Vidocq fut nommé pour surveiller les ateliers.

Quelque temps après, il l'envoya en mission à Arras ; Vidocq y arriva le soir ; il se rendit chez sa femme, qui était déjà couchée : il frappa à la porte, on fut long-temps à lui répondre. Il se fit connaître, et bientôt il entendit ouvrir la croisée, et un homme prenait ce chemin pour s'enfuir : c'était un adjudant du 17e de chasseurs à cheval qui faisait le service à sa place.

Vidocq fit beaucoup de bruit ; il en résulta du scandale, et le lendemain, il comparut devant Joseph

Lebon, qui, après l'avoir entendu, reconnut que les torts étaient du côté de son épouse; mais il l'engagea à garder le silence, par égard pour le patriote Chevalier. Vidocq, voulant éviter de nouveaux désagrémens, termina ses affaires à Arras, et partit pour Tournai, où il arriva le lendemain. Il ne trouva plus l'adjudant-général dans cette ville, il s'était rendu à Bruxelles; Vidocq se disposa à le rejoindre, et prit la diligence. En arrivant, il rencontra trois individus qu'il avait connus à Lille dans les cafés et autres lieux publics: ils étaient en uniforme, et ils furent étonnés les uns et les autres de leur changement de costume. Enfin, ils se lièrent ensemble en se promettant de s'aider réciproquement.

Vidocq chercha en vain son adjudant-général à Bruxelles : il avait pris la route de Liége ; il courut après lui, et ne fut pas plus heureux. Il prit alors le parti de reretourner à Bruxelles.

Comme il n'était pas très - scrupuleux sur le choix de sa société, ni sur ses moyens d'existence, il s'instala chez une femme galante qui faisait ses affaires de son côté, tandis que Vidocq passait les jours et une partie des nuits au café Turc. Il y rencontrait des joueurs, des chevaliers d'industrie qui vivaient aux dépens des dupes.

Vidocq il suivait de l'œil toutes les parties, on craignait qu'il ne vînt à parler des ruses employées pour maîtriser la fortune; on acheta sa discrétion en lui glissant dix louis.

dans la main, et en lui promettant que chaque jour il recevrait un honnête tribut prélevé sur l'inexpérience.

Il accepta la proposition, et fut ainsi initié dans les mystères et admis dans la société.

Avec ces ressources, dont la délicatesse et la probité ne faisaient pas les frais, et dont il partageait le produit avec cette femme dont nous avons parlé, et qui se nommait Émilie, Vidocq vivait assez agréablement; mais comme il n'y a point ici-bas de bonheur durable, il fut arrêté un soir au spectacle par des agens de police qui lui demandèrent ses papiers. Il n'en avait pas; on le conduisit en prison, et le lendemain il fut interrogé.

L'autorité ne le connaissant pas

sous le nom de Vidocq, il déclara s'appeler Rousseau, et être né à Lille; alors on décida qu'il y serait conduit, et il partit accompagné de son Émilie et escorté par les gendarmes.

Arrivé à Tournai, il les enivra, et pendant leur sommeil, il prit la fuite, toujours accompagné de sa fidèle Emilie. Ils se réfugièrent à Lille, et de là à Gand.

Emilie retrouva son père dans cette ville, et les deux amans se séparèrent, avec promesse de se réunir lorsqu'il aurait terminé les affaires qui le rappelaient à Bruxelles.

Il y retourna avec de faux certificats, fabriqués sous le nom de Rousseau; et ayant retrouvé les joueurs qu'il avait déjà connus, il reprit ses anciennes habitudes, en qualité de sous-lieutenant du 6ᵉ de chasseurs à cheval.

Vidocq fit sous ce titre une tournée dans les Pays-Bas, où il se faisait payer, nourrir et loger, grâces aux faux états de service dont il était porteur.

Il revint à Bruxelles, et obtint un billet pour loger chez une baronne, en qualité de capitaine de hussards; ce grade lui avait été donné par les intrigans et les faussaires dont il était l'ami et le complice.

La baronne lui fit donner une chambre; elle fut assez aveugle, et même assez inconsidérée pour lui témoigner beaucoup d'intérêt, avant d'avoir pris quelques informations sur son compte; les choses furent portées au point qu'elle lui fit pressentir qu'elle pourrait s'unir à lui.

Un prétendu général, autre intri-
gant et ami de Vidocq, lui avait
bâti une généalogie, en le présentant à la baronne, comme un émigré dont les parens habitaient encore Hambourg.

Cette malheureuse femme, sé-
duite par les discours de ce général, donna à Vidocq, dit Rousseau,
une traite de trois mille florins,
pour qu'il la fît passer à ses parens ;
elle prit en outre l'engagement de
lui donner cinq cents florins par
mois, jusqu'à ce qu'ils fussent ma-
riés. Il avait cru devoir prendre le
nom du comte de B...., mais il se
cachait toujours comme émigré
sous celui de Rousseau. L'acte de
naissance de Vidocq, dit Rousseau,
comte de B...., annoncé par le prétendu général, n'arrivant pas de Ham-

bourg, où l'on disait avoir écrit pour le demander, la baronne consentit à l'épouser sous le nom de Rousseau. L'autorité ordonna de prendre des informations sur les officiers qui se trouvaient alors à Bruxelles, et comme Vidocq-Rousseau aurait pu se trouver compromis, il se décida à partir pour Bréda, et la crédule baronne le suivit. Lorsqu'ils furent dans cette ville, soit crainte ou remords, Vidocq crut devoir lui découvrir ce qu'il était; la baronne, frappée comme d'un coup de foudre, reconnut à l'instant l'abîme dans lequel elle avait été sur le point de se précipiter; saisie d'effroi, elle le quitta sans proférer une seule parole, courut s'enfermer dans sa chambre, et profita ensuite des ombres de la nuit pour partir à une heure du matin.

Elle remit, avant de monter en voiture, quinze mille francs en or au maître de l'hôtel où elle était descendue, pour qu'il les donnât ensuite à Vidocq.

L'hôte remplit exactement la commission dont il était chargé. Vidocq, à son réveil, reçut la somme qui lui était donnée si généreusement par la baronne ; et sans prendre d'autres informations, il se mit en route pour Amsterdam. Il resta peu de temps dans cette ville, et partit ensuite pour Paris.

Il y arriva le 2 mars 1796, et fut se loger rue de l'Échelle, hôtel du Gaillardbois.

Il vendit plusieurs bijoux, et changea sa monnaie étrangère con-

tre de l'argent de France, avec l'intention de quitter la capitale, pour
aller s'établir dans une ville de l'intérieur; mais le destin en ordonna
autrement.

Il se trouva dans le même hôtel
un individu avec lequel Vidocq fit
connaissance.

Son nouvel ami le conduisit d'a-
bord au café Turc, à celui de la
Monnaie, et ensuite dans une maison de jeu, où il trouva des hommes
plus expérimentés que lui ; car, dans
deux séances, il perdit cent louis :
il fut content de la leçon, et se retira.

Il allait manger à une table d'hôte;
la société était assez nombreuse ;
il y rencontra une femme nommée
Rosine, et fila le parfait amour
pendant un mois, sans qu'il lui en

coutât autre chose que des dîners, des rubans, des chapeaux et le spectacle.

La scène changea bientôt : un matin, en déjeûnant, la dame parut soucieuse et même chagrine. Le galant et passionné Vidocq voulut en connaître la cause, ; elle lui avoua, après les sollicitations les plus pressantes et les plus vives, qu'elle était tourmentée par sa marchande de modes et son tapissier, et elle refusa de donner leur adresse.

Vidocq ne s'en tint pas là, il questionna la femme-de-chambre qui, moins discrète que madame Saint-Michel (c'était le nom de la belle), indiqua les marchands, et Vidocq s'empressa d'aller payer douze cents francs chez le tapissier, et onze cents francs chez la mo-

diste. Notre homme était trop en-
flammé pour calculer; quelques jours
après il donna encore pour deux
mille francs de bijoux à son aimable
Rosine.

Les plaisirs allaient toujours leur
train, et la bourse de Vidocq recevait de rudes atteintes. Dans un
moment de réflexion, il fit le compte
de sa caisse, et il se trouva que dans
l'espace de deux mois, il avait dé-
pensé quatorze mille francs.

Il commença, quoique un peu
tard, à faire des réflexions; son
amour parut moins vif; madame
St.-Michel se douta du motif, et la
froideur s'en mêla. Vidocq fit quelques observations, on lui répondit
un peu brusquement, et ils finirent
par se fâcher. Des cadeaux, qu'il fit
à propos, rétablirent la paix, et l'a-

2*

mour reparut. Peu de jours après, Rosine parla d'une lettre-de-change de deux mille francs qu'elle avait à payer, sous peine d'aller en prison ; Vidocq avait l'intention de donner la somme, lorsque le hasard lui fit tomber sous la main une lettre de l'amant préféré de la dame Saint-Michel, qui s'était réfugié à Versailles, et qui demandait à l'aimable Rosine quand le *Niais* (Vidocq), serait à sec.

Il avait intercepté la missive chez le portier; il monta chez la perfide Saint-Michel, elle n'y était pas; il ne trouva que la femme-de-chambre, et, avant de lui parler, il brisa quelques meubles.

Cette fille lui observa qu'il serait obligé de les payer, et qu'il ferait beaucoup mieux de se calmer. La femme-de-chambre, pressée par les questions de Vidocq, lui avoua que Rosine avait un amant à Versailles; que c'était en son nom que l'on feignait de faire des poursuites pour la lettre-de-change de deux mille francs, et que les dettes du tapissier et de la marchande de modes étaient également simulées.

Vidocq, fâché de la mystification, voulait attendre l'infidèle pour se venger; mais il apprit qu'elle avait pris la route de Versailles pour rejoindre son amant, et se moquer avec lui du *Niais* qui payait si bien.

Pour ajouter à sa mésaventure, Vidocq fut encore obligé d'acquitter, entre les mains du propriétaire, deux mois de loyer qui lui étaient dus, et de payer en outre les meubles qu'il avait brisés.

Il ne lui restait plus que quatorze cents francs de tous les dons de la baronne. Paris cessa d'avoir des charmes pour lui, et il prit le parti de se rendre à Lille : il connaissait le pays, il lui offrait des ressources. Il monta dans la diligence, et deux jours après il arriva dans cette ville.

Son espoir ne fut pas trompé, le 13e régiment de chasseurs à cheval *bis* était en garnison à Lille ; il y trouva d'anciens camarades du 10e, et principalement un lieutenant nommé Vildieu, dont nous aurons occasion de parler.

Ils passaient leur temps au café ou à la salle d'armes. Vidocq s'apercevait que ses fonds baissaient, et cela lui donnait de l'inquiétude, lorsqu'un habitué du café, qu'il ne ne connaissait que sous le nom du *Rentier*, parce qu'il paraissait jouir d'un certain revenu, lia conversation avec lui, en lui proposant de voyager de compagnie; Vidocq lui demanda pour quel motif et en quelle qualité.

L'autre lui répondit : Je suis médecin, je traite les maladies secrètes des hommes et des animaux, et j'ai des recettes infaillibles; en un mot, je possède la médecine universelle.

J'ai purgé et guéri tous les chevaux du 13ᵉ régiment de chasseurs, abandonnés par les artistes vétérinaires de ce corps.

Vidocq se décida à devenir empirique, et il accepta la proposition; le lendemain, à cinq heures du matin, ils sortirent de Lille par la porte de Paris.

Vidocq laissa sa malle à son auberge : ils ne devaient être absens que trois jours, et en outre, voyager à pied. D'après ce qu'avait dit l'Esculape, ils avaient cinq lieues à faire ; vers midi ils arrivèrent dans une ferme isolée, où le médecin, qui fut appelé M. Caron par les paysans qui l'habitaient, fut reçu à bras ouverts.

Vidocq fut un peu surpris de ce changement de nom ; il croyait que son compagnon de voyage portait celui de Christian, qu'il avait entendu prononcer dans une autre circonstance. Caron s'entretint pendant quelques temps avec le maître de la maison, et celui-ci, après avoir cessé de parler, entra dans

une autre chambre, et revint
de suite, portant plusieurs sacs
d'écus de six francs, qu'il vida sur
la table.

Caron-Christian les examina les
uns après les autres avec beaucoup
d'attention; il en mit de côté envi-
ron cent cinquante, et en donna la
valeur en diverses monnaies, en
ajoutant une certaine somme pour
le bénifice ou l'intérêt qui revenait
au fermier.

Vidocq ne comprenait rien à ce
négoce, avec d'autant plus de raison, que les deux parties intéressées
parlaient flamand, et que ce patois
lui était inconnu.

Cette affaire étant terminée,
Christian fit ses adieux au fermier
et à sa famille, et ils sortirent. Il
y avait à peu près dix minutes qu'ils

étaient en route, lorsque le médecin donna quelques pièces de six francs à Vidocq, en lui annonçant que c'était sa part du bénéfice. En les recevant, il lui demanda comment il se faisait qu'il gagnât de l'argent en échangeant seulement des pièces de monnaie les unes contre les autres. L'autre lui répondit que c'était son secret, mais que plus tard il pourrait l'en instruire.

Pendant trois ou quatre jours ils firent les mêmes opérations, et elles avaient toujours un résultat aussi satisfaisant.

En approchan du village de War-wick, Caron-Christian demanda à Vidocq s'il pouvait compter sur lui ; il en donna l'assurance. Alors le médecin tira de sa poche quatre paquets enveloppés de papier qu'il

lui remit, **en le** chargeant d'aller
jeter ce qu'ils contenaient dans les
mangeoirs des écuries et des étables
de quatre fermes qu'on apperce-
vait à très-peu de distance ; il lui
recommanda expressément de prendre des précautions, afin de ne pas
être aperçu.

Vidocq refusa de remplir cette
commission craignant de se compromettre. Christian fut un peu
déconcerté ; cependant il lui fit confidence qu'il était membre d'une
troupe de Bohémiens, et qu'il devait les rejoindre à Malines où la
foire allait se tenir ; il l'engagea à
l'accompagner, et Vidocq y consentit. Après trois jours de marche,
ils arrivèrent à Malines ; ils s'arrêtèrent dans un des faubourgs devant
une maison de la plus triste appa-

rence. Christian frappa à la porte ; il faisait nuit, et ils attendirent assez long-temps avant qu'on vînt leur ouvrir ; enfin ils entrèrent et pénétrèrent dans une grande salle où se trouvaient une trentaine de Bohémiens, hommes et femmes, qui buvaient, fumaient et dansaient en chantant.

Chistian fut fêté et embrassé par tout le monde ; quant à Vidocq, il fut l'objet d'un examen très-sérieux ; mais son conducteur l'ayant annoncé d'une manière très-favorable, il prit place au banquet ; et après avoir, ainsi que les autres convives, fait fête à diverses reprises à la cruche de genièvre, il se trouva avoir besoin de son lit.

Christian le conduisit dans une chambre voisine, où il y avait déjà un renfort de Bohémieus étendus sur la paille ; il y prit place, et tout le monde en fit bientôt autant.

Au point du jour, chacun fit sa toilette et sortit pour se rendre en ville. Christian dit à Vidocq qu'il pouvait aller se promener jusqu'au soir, et lui donna de l'argent. Quant à lui, il alla rejoindre ses camarades les Bohémiens.

Vidocq, en se promenant sur le champ de foire, rencontra un nommé Malgaret qu'il avait connu dans les tripots à Bruxelles. Ils entrèrent dans un café, et après avoir pris quelques rafraîchissemens, et s'être fait réciproquement des contes en l'air, ils sortirent et retournèrent sur le champ de foire, où ils se trouvèrent en face de plusieurs Bohémiens qui regardèrent Vidocq comme quelqu'un de connaissance. Malgaret s'en aperçut, et lui en parla. Il voulut d'abord nier qu'il se fût trouvé avec eux; enfin il lui en fit la confidence, et Malgaret lui apprit que tous ces Bohémiens étaient des voleurs; et, pour le lui prouver, il lui en montra un qui enlevait la bourse d'un marchand de bestiaux.

Vidocq se décida à les abandonner, et partit pour Courtrai avec Malgaret, où il espérait se tirer d'affaire au jeu; mais ses espérances furent déçues. Ils se dirigèrent ensuite vers Lille, où Vidocq avait laissé ses effets, et Malgaret, de concert avec un autre escroc, fit jouer Vidocq, et lui enleva les cent francs qui lui restaient.

Comme il se trouvait dans la

position la plus fâcheuse, il s'adressa aux maîtres d'armes de sa connaissance, qui donnèrent un assaut à son bénéfice ; il reçut cent écus, ce qui lui fournit les moyens de reprendre ses anciennes habitudes.

Il fit connaissance, dans un bal, d'une femme nommée Francine ; il se lia avec elle, et bientôt ils vécurent dans la plus grande intimité.

Malgré tout l'attachement qu'elle lui témoignait, elle n'en fréquentait pas moins un capitaine du génie. Vidocq les ayant trouvés un soir qui soupaient tête à tête ensemble, la fureur et la jalousie s'emparèrent de lui, il les frappa l'un et l'autre avec tant de violence, que le capitaine resta sur le carreau. La garde vint, Vidocq fut arrêté, et conduit à la prison du Petit-Hôtel.

Francine, qui préférait Vidocq au capitaine, vint le voir en prison. On soupçonna alors que cette affaire avait été concertée entr'eux, pour faire un mauvais parti à l'officier du génie : Vidocq fut donc condamné à trois mois de prison, et transféré ensuite à la tour Saint-Pierre. Francine ne l'abandonnait pas, et lui tenait compagnie une partie de la journée. Parmi les prisonniers, il y avait deux ex-sergens-majors, nommés Grouard et Herbaux, condamnés pour faux, et un paysan nommé Boitel, condamné pour vol de bled. Ce dernier, père d'une nombreuse famille, se désolait, et disait qu'il ferait volontiers un sacrifice pour obtenir sa liberté.

Herbaux et Grouard promirent

de lui rédiger une demande en grâce. Grouard se plaignit de ne pouvoir travailler au milieu du bruit, et demanda à Vidocq de lui céder sa chambre, pour écrire et rédiger la pétition ; il y consentit. Dès le lendemain ils s'y installèrent, et Vidocq ne pouvait soupçonner que cette affaire finirait par le compromettre. Au bout de huit jours, Herbaux et Grouard lui annoncèrent que leur travail était terminé, et le remercièrent de sa complaisance.

Quelque temps après, les frères du paysan Boitel vinrent lui rendre visite, et dînèrent chez le concierge. Pendant le repas, un gendarme apporta l'ordre de la mise en liberté de Boitel, et il partit sur-le-champ. Le lendemain, un inspecteur des prisons, qui vint faire la visite, et auquel on remit cet ordre, s'aperçut qu'il était faux, et le concierge fut consigné. On interrogea Herbaux, Grouard et Vidocq, qui dirent n'avoir aucune connaissance de cette affaire, pour laquelle on savait que Boitel avait donné quatre cents francs ; il fut arrêté de nouveau dans son pays, conduit à Lille, et interrogé par un juge d'instruction.

Il annonça que Vidocq, Herbaux, Grouard, et un nommé Stoflet, qui, déguisé en gendarme, avait apporté l'ordre de sa mise en liberté, étaient tous fauteurs et complices du faux et de son évasian. Lorsque Vidocq demanda à être mis en liberté, après avoir fait les trois mois de prison auxquels il avait été condamné, on lui déclara qu'il ne pouvait sortir, ayant été écroué comme complice de faux en écritures authentiques et publiques, et qu'il devait passer en jugement.

Vidocq craignit alors que cette affaire ne tournât mal pour lui ; il en conçut de très-vives inquiétudes, et il en fut affecté au point de tomber malade.

Francine ne l'abandonna pas, elle lui prodigua tout ses soins, et il finit par se rétablir. Alors il songea à trouver les moyens de s'évader, et il y parvint, en trompant la vigilance du geolier, grâce à un habit militaire que lui fournit Francine, et qui lui fit ouvrir la porte, parce qu'on le prit pour l'officier de service qui faisait la visite de la prison.

Il se cacha chez un amie de Francine, mais ayant été assez imprudent pour sortir, il fut rencontré par un sergent de ville qui l'arrêta ; il lui demanda la permission de revoir Francine, pour lui faire ses adieux, le sergent de ville y consentit. Vidocq arrivé chez Francine, lui fit entendre par un signe qu'il fallait qu'elle lui mît de la cendre dans sa poche ; elle le comprit, et remplit ses intentions ; il embrassa Francine, et sortit. Lorsqu'il fut dans la rue, il aveugla le sergent, en lui jettant de la cendre dans les yeux, et il se sauva encore.

La nouvelle de son évasion se répandit, et on le rechercha avec beaucoup de soin, afin de parvenir à l'arrêter. On sut qu'il devait dîner avec des femmes et plusieurs de ses amis dans une maison à partie ; un commissaire de police s'y présenta avec des agens. Comme ils ne connaissaient pas Vidocq, il les fit entrer lui-même dans une chambre où ils devaient le trouver ; il les enferma ensuite à clé, et s'enfuit en leur annonçant qu'ils avaient été faits prisonniers par celui qu'ils cherchaient. Enfin, il finit par être arrêté, et on le conduisit à la tour St-Pierre, où il fut mis au cachot avec un nommé Calendrin. Il y avait d'autres prisonniers, et des galériens dans un cachot voisin ; ils firent un trou dans le mur qui communiquait avec celui occupé par Vidocq, et huit d'entre eux se sauvèrent. Vidocq voulut passer à son tour, mais l'ouverture étant trop étroite ; il s'y trouva engagé sans pouvoir avancer ni reculer. Le concierge et les gui-

chetiers ayant entendu du bruit,
pénétrèrent dans le cachot, et ti-
rèrent Vidocq, non sans qu'il éprou-
vât plus d'une écorchure ; il laissa
même quelques lambeaux de sa
peau entre les pierres ; ensuite on
le conduisit à la prison du Petit-
Hôtel , où il fut mis au cachot les
fers aux pieds. Après avoir passé
quelques jours dans cet état, on le
fit passer dans la cour avec les autres prisonniers, d'après la promesse qu'il fit de ne plus tenter
d'évasion.

Il rencontra un nommé Défosseux, brigand consommé, et plusieurs autres voleurs de la même
trempe. Vidocq fut conduit un jour
à l'interrogatoire, et comme un
gendarme avait laissé son chapeau
et son manteau sur une banquette

de la chambre où il se trouvait, il s'en couvrit, se présenta devant le geolier qui, trompé par ce déguisement, lui ouvrit la porte ; et, grâce à cette ruse, Vidocq se trouva encore une fois en liberté. Il se rendit chez Francine, qui, enchantée de le revoir, se décida à vendre ses meubles pour fuir avec lui et se retirer à Bruxelles.

Le jour du départ était fixé, Vidocq voulut sortir, et il rencontra une fille nommée Élisa ; ils soupèrent ensemble, et au lieu de rentrer chez lui, il passa la nuit avec cette femme. Francine ayant eu connaissance de cette infidélité, lui fit les reproches les plus sanglans, et le menaça même de le faire arrêter. Francine était femme à lui tenir parole, il crut prudent de disparaître pendant quelques jours, et il se présenta chez elle au moment où elle était sortie, afin de prendre les effets dont il avait besoin. Vidocq n'avait pas de clé pour ouvrir la porte, il força un volet, entra dans la chambre par la croisée, fit un paquet de ce qui lui était nécessaire, et disparut.

Il passa ainsi cinq jours dans une maison du faubourg ; il sortit ensuite déguisé en paysan, et se rendit chez une amie de Francine qui le reçut d'un air embarrassé ; il n'y attacha aucune importance, et la pria seulement d'aller chercher Francine : elle sortit pour faire sa commission, et Vidocq resta dans la chambre en attendant son retour. Peu de temps après on frappa à la porte ; il ouvrit croyant que c'était

Francine. Que devint-il en apercevant des agens de police et des gendarmes qui s'élancèrent sur lui, l'arrêtèrent, le garottèrent, et qui le conduisirent ensuite devant le magistrat de sûreté !

Vidocq fut interrogé ; on lui demanda ce qu'il avait fait pendant cinq jours. Comme il ne répondit pas d'une manière satisfaisante, il fut mis en prison, et ensuite au cachot les fers aux pieds.

Il subit un nouvel interrogatoire, et il apprit qu'il était accusé d'avoir assassiné Francine, en la frappant de plusieurs coups de couteau. On le confronta avec cette femme ; elle tomba sans connaissance dès qu'elle l'aperçut ; on l'emporta sur - le-champ, et Vidocq apprit ensuite que Francine s'était frappée elle-même de cinq coups de couteau le jour qu'il l'avait quittée, étant égarée par la jalousie et le désespoir. Elle l'avait avoué elle-même aux juges ; mais ils avaient refusé de la croire, parce qu'ils supposaient que l'amour qu'elle portait à Vidocq l'avait engagée à faire cette déclaration, et à cacher son crime. Enfin on reconnut, grâce aux soins d'un avocat que Vidocq avait pris pour défenseur, et au témoignage de Francine, qu'il n'y avait pas lieu à suivre, et il fut déchargé de cette accusation ; mais celle du faux subsistait toujours.

Il parvint encore à s'évader de la prison, et il se cacha dans une maison jusqu'à la fin du jour. Lorsque la nuit fut arrivée, il descendit dans les fossés de la place à l'aide d'une corde dont il s'était muni ; mais obligé de l'abandonner, parce que le frottement trop rapide lui brûlait les mains, il tomba de la hauteur de quinze pieds, et se foula un pied, de manière qu'il eut beaucoup de peine à sortir du fossé ; une fois sur le bord, il lui fut impossible d'aller plus loin.

Le hasard voulut qu'un homme vînt à passer avec une brouette, Vidocq se fit placer dedans, en lui donnant six francs, et s'annonça comme un contrebandier qui s'était blessé en passant du tabac en fraude. Le paysan le conduisit dans sa maison, et il lui prodigua tous ses soins, ainsi que son épouse. Au bout de quinze jours il fit écrire à Francine, l'homme chez lequel il s'était réfugié porta la lettre, en prenant tou-

3*

tes les précautions que Vidocq lui avait indiquées; il trouva Francine, qui lui remit cent vingt francs en or, et Vidocq, après les avoir reçus, partit pour Ostende.

Arrivé dans cette ville, il eut de nouveau le désir de s'embarquer pour l'Amérique ou les Indes; mais on le refusa, parce qu'il n'avait pas de papiers.

Il était sur le point de se trouver sans argent, alors il songea à prendre un parti. En conséquence, il résolut de s'enrôler parmi les contrebandiers; on lui indiqua un nommé Péters, il se rendit chez lui; mais comme il lui fit cette proposition sans avoir recours aux périphrases, Péters le prit pour un espion, s'arma d'un bâton, et le força ainsi à battre en retraite.

Vidocq se garda bien de chercher à repousser la force par la force ; il se trouvait là cinq ou six matelots, et un chien de Terre-Neuve, qui eussent mis de l'inégalité dans la partie. Vidocq s'éloigna, et entra chez un marchand de genièvre, auquel il conta sa mésaventure.

L'autre se mit à rire, et lui conseilla de retourner chez Péters, en prononçant les mots: *sacramentaux ! gare aux requins* (ou douaniers). Il suivit le conseil qu'on lui avait donné, et il fut accueilli avec amitié par Péters ; on l'enrôla de suite, et un des contrebandiers commença à l'instruire, et à faire son éducation. Dès le lendemain, au moment où Vidocq allait se coucher, Péters fit lever tout son monde pour se rendre au bord de la mer. On venait de signaler un bâtiment, chacun prit des armes, but l'eau-de-vie, et se mit en marche.

Arrivés au rendez-vous, la troupe se trouva composée de quarante-sept individus.

On commença à débarquer la contrebande, mais tout-à-coup les douaniers se mêlèrent de la partie, ils firent feu ; Péters et sa troupe furent obligés de se défendre : il y eut deux contrebandiers de tués, et plusieurs autres blessés.

Les douaniers se retirèrent, craignant une embuscade, et la troupe de Péters rentra au gîte.

Vidocq, déjà dégoûté de ce métier, demanda son congé à Péters ; il le lui donna, et y joignit une somme de cent francs. Alors il se dirigea sur Lille, espérant y retrouver Francine.

En passant dans un village, deux gendarmes l'aperçurent et lui demandèrent ses papiers; il n'en avait pas, ils l'arrêtèrent.

La correspondance de Lille arriva, un des gendarmes le reconnut; ils s'en emparèrent, et le voilà de nouveau en prison.

Vidocq retrouva au Petit-Hôtel plusieurs de ses anciennes connaissances, des voleurs, des chauffeurs et autres individus aussi dangereux pour la société. Renfermé dans un cachot, il chercha encore à trouver les moyens de s'évader, de concert avec un nommé Duhamel; mais le concierge l'ayant fait rentrer avec les autres prisonniers, il fallut ajourner ce projet. Il ne perdit cependant pas l'espoir de se sauver; Francine venait le voir, il lui demanda du ruban tricolore, et le lendemain elle avait fait sa commission.

Dès que Vidocq l'eut entre les mains il s'en fit une écharpe, et passa devant le factionnaire, qui le prit pour un officier municipal et lui présenta les armes. Vidocq monta alors rapidement les escaliers, pour se sauver par une ouverture que des prisonniers évadés avaient pratiquée dans le mur, et que l'on s'occupait de réparer; il trouva deux factionnaires qui la gardaient : l'un était placé dans le corridor de la prison, et l'autre dans le grenier de l'Hôtel-de-Ville. Vidocq parut douter qu'un homme pût passer passer par ce trou; un des factionnaires soutint le contraire, et l'autre ajouta que M. l'officier municipal pourrait y passer tout habillé.

Vidocq essaya et se trouva dans le grenier; alors il annonça aux deux militaires qu'il s'était fait mal en passant, et qu'il allait descendre dans son cabinet sans rentrer dans la prison.

Le factionnaire s'empressa de lui ouvrir la porte; il ne perdit pas de temps, et, descendant lestement les escaliers, il fut bientôt dans la rue. La nuit, qui commençait à paraître, favorisa sa fuite.

Le geolier, qui le surveillait sans cesse, ne le voyant pas, demanda ce qu'il était devenu; tout le monde l'ignorait, jusqu'à Francine qui l'attendait, et qui lui avait apporté du ruban sans se douter de l'usage qu'il en voulait faire. On retint Francine en prison, ensuite on s'occupa de rechercher le fugitif dans la ville; mais il en sortit et se rendit à Courtrai, où Olivier l'escamoteur et le funambule Devoye l'enrôlèrent dans leur troupe. Il devait jouer la pantomime; on commença à lui donner des leçons, et il partit pour Gand avec ses directeurs.

Ils se rendirent ensuite à la foire d'Enghien; la troupe y fit merveille, et Vidocq montra de grandes dispositions. La foule abondait à ce spectacle, la recette était bonne; mais comme la jalousie se glisse partout, le paillasse de la troupe, fâché de voir que Vidocq l'avait éclipsé par son talent à faire des

grimaces, le dénonça à la gendarmerie, et il fut arrêté au moment
où il entrait en scène.

On le conduisit de nouveau à
Lille, où il apprit que Francine
avait été condamnée à six mois de
prison comme coupable d'avoir favorisé son évasion.

Le guichetier avait été également
condamné à la prison. Quant à Vidocq, il fut transféré à Douai, mis
au cachot et aux fers ; il retrouva
dans cette prison Défosseux et un
autre voleur nommé Doyennette.
Vidocq leur proposa de chercher
les moyens de s'évader, et ses
coassociés lui annoncèrent qu'ils
avaient déjà commencé un trou qui
devait les conduire sur les bords
de la Scarpe. Aucun obstacle ne
les arrêtait; Défosseux avait dérivé

leurs fers, et ils travaillaient sans relâche. L'un d'eux était sans cesse dans le trou, et lorsqu'on faisait la ronde, ils remplissaient de paille la veste et la chemise du mineur, et il paraissait dormir.

Le guichetier ne se doutait de rien, et les travaux se continuaient.

Il y avait déjà cinquante-cinq jours et autant de nuits qu'ils continuaient cette opération, lorsqu'ils s'aperçurent qu'il n'y avait plus qu'une pierre à déplacer pour arriver à la rivière.

Ils se décidèrent à l'enlever la nuit suivante, lorsque le geolier aurait terminé sa visite. A peine lui eurent-ils donné quelques secousses, que la pierre tomba; mais l'eau coula en même temps à grands flots dans le cachot, et ils furent sur le point d'être engloutis et submergés.

Ils appelèrent à leur secours ; le concierge et les guichetiers accoururent ; on parvint à arrêter l'eau ; on les fit sortir, et ils furent enfermés séparément chacun dans un cachot. Vidocq se désespérait, mais Défosseux le consola en lui disant, dans le langage des prisons, que rien n'était perdu.

Il trouva encore dans le lieu où il fut déposé le guichetier Baptiste, qui y était détenu comme accusé d'avoir également favorisé son évasion. Il vint voir Vidocq, afin de l'engager à lui être favorable lorsqu'il serait appelé pour déposer devant le juge d'instruction.

Vidocq le lui promit, mais à condition qu'il lui fournirait un couteau et deux grands clous dont Défosseux avait besoin. Baptiste fit ce que l'on désirait, et lorsque ces objets furent remis entre les mains de Défosseux et de Doyennetle, ils tressaillirent de joie, et se crurent déjà en liberté.

Défosseux dit alors à Vidocq d'examiner avec attention la voûte de son cachot, pour s'assurer si cinq pierres plus blanches, que les autres, pouvaient se déplacer facilement, et leur fournir les moyens de se sauver. Le prisonnier qui occupait ce cachot avant eux, avait tout préparé pour s'évader ; mais on l'avait transféré dans un autre endroit au moment où il était sur le point de profiter de son travail.

Vidocq annonça à Défosseux que les choses étaient dans le même état, et il allait commencer à faire un trou pour établir une communication dans le cachot de Vidocq, lorsque le concierge, auquel ils inspiraient la plus grande défiance, jugea convenable de les placer ailleurs.

Ils étaient enchaînés ensemble, de sorte que l'un ne pouvait faire un mouvement sans que l'autre ressentît le contre - coup de ses fers, ce qui leur causait une souffrance continuelle.

Alors Défosseux, pour les soulager ainsi que lui, fit usage d'une scie qu'il avait renfermée dans un étui, et qu'il cachait toujours dans une partie de son corps.

Il coupa leurs fers et les siens dans très - peu de temps, et ils les jetèrent dans la rivière par la croisée du cachot dont l'ouverture donnait sur la Scarpe.

Le concierge vint leur rendre visite; il resta stupéfait en voyant qu'ils n'avaient plus de fers; il leur demanda ce qu'ils en avaient fait : ils lui rirent au nez.

Le commissaire des prisons et un huissier nommé Hutrel, se présentèrent ensuite pour les interroger, et savoir comment ils étaient parvenus à se débarraser de leurs fers; ils leur répondirent que les vers les avaient mangés.

On les fit déshabiller; on les visita de la tête aux pieds, afin de trouver les instrumens dont ils s'étaient servis pour les couper; mais toutes les recherches devinrent inutiles. On leur mit de nouveaux fers tout en étant persuadé qu'ils avaient en leur possession cette herbe si vantée qui ronge le fer.

(87)

Comme le commissaire des prisons, le concierge et l'huissier Hutrel n'avaient pas été assez adroits
pour trouver l'étui qui renfermait
la scie, ils coupèrent leurs nouveaux
fers pendant la nuit; et lorsque le
lendemain on leur rendit visite, ils
les jetèrent aux pieds du concierge
et de Hutrel. On se contenta alors de
les enfermer en les surveillant seulement d'une manière aussi exacte
qu'extraordinaire. Ils avaient de
temps en temps des conférences avec
un avocat qui devait les défendre
lorsqu'ils seraient mis en jugement.

Tous ces entretiens avaient lieu
dans une chambre dont la porte
communiquait dans le tribunal, Vidocq prit l'empreinte de la serrure,
Défosseux fabriqua une clé; et un
jour que leur avocat parlait avec un

autre détenu, ils ouvrirent la porte et se sauvèrent. Lorsqu'ils furent sortis de la ville, Vidocq dit à ses camarades qu'il n'avait que six francs dans sa poche, et que c'était bien peu pour faire vivre trois personnes.

Défosseux lui répondit qu'il pouvait être tranquille, et que la nuit suivante ils s'introduiraient dans une maison de campagne des environs, et qu'ils y trouveraient de quoi faire face à la dépense.

Vidocq, qui n'avait point envie de se livrer au vol, résolut de quitter ces deux brigands ; et, pour y parvenir, il leur proposa d'aller acheter des vivres, car ils se plaignaient tous de la faim qui les tourmentait.

Ils y consentirent ; Vidocq partit,

et profita de la nuit pour s'éloigner.

Après avoir ainsi marché pendant quatre jours et passé les nuits à dormir dans les meules de foin qui se trouvaient dans les champs, Vidocq arriva à Compiègne avec l'intention de se rendre à Paris.

Il rencontra à Louvres un détachement de hussards, et il demanda au maréchal-des-logis à prendre du service dans le régiment; il le refusa, mais le lieutenant, qui commandait le détachement, eut pitié de lui, et le prit à son service pour panser les chevaux de remonte qu'il allait chercher à Paris.

On lui donna un bonnet de police et une veste; il se mit en route avec le détachement. Ils arrivèrent dans la capitale, et logèrent tous à l'Ecole-Militaire. On leur livra les chevaux destinés pour le régiment, et ils se rendirent ensuite à Guise, où ils tenaient garnison. Vidocq, arrivé dans cette ville, obtint d'entrer dans le régiment, sous le nom de Lanoy. Caché sous l'uniforme, il se croyait à l'abri de toutes inquiétudes; mais un matin, en rentrant au quartier, il rencontra un gendarme qui l'avait vu à Douai; cet homme le reconnut, l'arrêta et le conduisit en prison. L'identité fut constatée, on fut certain que c'était bien Vidocq, on le transféra de nouveau à Douai. Il apprit, en arrivant dans la prison de cette ville, que son affaire pour faux allait être jugée, et que ses co-accusés l'avaient beaucoup chargé.

Un jour que le juge de paix et des gendarmes vinrent pour faire

une visite dans la prison, et rechercher un cachet, que l'on disait
avoir servi à timbrer le faux ordre
de mise en liberté du nommé Boitel, Vidocq, en apercevant les gendarmes, mit dans sa bouche une
petite lime qu'il avait toujours sur
lui.

Un gendarme, qui le vit faire ce
mouvement, s'écria : « Il vient de
l'avaler. » Vidocq fut donc transféré à l'Hôtel-de-Ville, et placé
dans un cachot, où il fut enchaîné
par les mains et par les jambes, de
manière à ce qu'il ne pouvait en
faire usage ; on le laissa huit jours
dans cette pénible situation, et lorsque l'on eut acquis la certitude qu'il
n'avait pu avaler le cachet, on se
décida à le réintégrer dans la prison d'où il était sorti. Il feignit

alors d'être malade, et de ne pouvoir marcher, on le fit monter en voiture avec deux gendarmes, chargés de l'accompagner ; lorsqu'ils furent en route, il ouvrit la portière, et sauta lestement dans la rue. Il se sauva, les gendarmes ne ne purent se mettre à sa poursuite, ils avaient leurs grosses bottes, et s'embarrassaient en outre les jambes dans leurs sabres.

Vidocq sortit de la ville, et suivit le chemin de Dunkerque ; il était tranquille sur ses moyens d'existence, sa mère venait de lui envoyer de l'argent.

Arrivé à Dunkerque, il résolut de s'embarquer sur un brick suédois, qui était dans le port ; il avait fait connaissance avec le subrécargue de ce bâtiment, qu'il avait rencontré dans un estaminet.

En attendant que le brick mît à la voile, il partit pour St.-Omer avec son nouvel ami, qui allait dans cette ville pour acheter du biscuit. Ils y étaient depuis deux jours, lorsqu'il s'éleva une dispute dans l'auberge où ils étaient logés; Vidocq, d'un caractère assez remuant, y prit part, on l'arrêta, et on lui demanda ses papiers; comme il n'en avait pas, on soupçonna qu'il pouvait fort bien être un prisonnier évadé, et il fut conduit à Douai; on le déposa dans la prison de l'Hôtel-de-Ville. Il eut une querelle avec le guichetier, et il fut mis au cachot, avec cinq autres détenus, dont un déserteur condamné à mort.

Ce malheureux voulait attenter à

ses jours, Vidocq lui observa qu'il valait mieux chercher à s'évader, et le militaire finit par être de son avis.

Ils enlevèrent une bayonnette à un garde national de service ; ils s'en servirent pour percer la muraille, et au bout de quelques jours ils étaient parvenus à faire un trou de dix pieds de profondeur. Le onzième jour, en enlevant une brique, ils virent le soleil ; c'était une chambre où le concierge de la prison avait logé des lapins. Vidocq et ses camarades étaient sur le point d'y pénétrer, lorsque le concierge se présenta pour leur donner du pain.

Ils avaient placé les briques enlevées derrière la porte du cachot ; elle ne put s'ouvrir, il voulut savoir quel était l'obstacle qui s'y opposait; il ouvrit le guichet, et aperçut le dégat. Il appela la garde, elle vint, et l'on fit avertir également le commissaire des prisons et l'accusateur public.

Vidocq et ses camarades espéraient se sauver avant qu'on eût forcé la porte, mais la femme du concierge, étant venue donner à manger à ses lapins, elle aperçut les débris qui étaient tombés dans cette chambre, et elle cria de son côté à la garde.

Les militaires arrivèrent, on s'aperçut que les briques avaient été dérangées; cernés de tous côtés, les prisonniers furent obligés de capituler et de se rendre. La porte s'ouvrit et le concierge, le guichetier et les soldats de garde, tombèrent dessus à coups de bâton, de crosses de fusil, et de paquets de clés ; les chiens même s'en mêlèrent, et les déchirèrent à belles dents.

On les conduisit dans la cour, blessés, meurtris, couverts de morsures, et on les enchaîna, pendant qu'un détachement de quinze soldats les tenaient couchés en joue ; on les mit ensuite chacun dans un cachot séparé, et on attendit jusqu'au lendemain pour panser leurs morsures et leurs contusions.

Quelques jours après, Vidocq passa en jugement, avec *Grouard*, *Herbaux*, *Boitel et Stofflet*, pour le faux dont ils étaient accusés. Vidocq employa tout les moyens possibles pour se justifier, il fut parfaitement secondé par son avocat ; mais Herbaux ayant déclaré qu'il avait fabriqué le faux ordre de mise en liberté de *Boitel*, d'après le défi de Vidocq, il fut condamné à huit ans de fers, et à six heures d'exposition, le 7 nivose an 5.

Vidocq resta encore plusieurs mois à Douai, ensuite on donna l'ordre de le transférer à Bicêtre, avec les autres condamnés, pour faire partie de la chaîne qui devait les conduire aux galères. L'huissier Hutrel, qui devait les escorter, fit fabriquer exprès des fers d'une nouvelle forme, et d'un poids extraordinaire.

Vidocq proposa à ses compagnons d'infortune de tenter de s'évader en route, en ayant recours à une attaque de vive force; tous y consentirent, et l'exécution de ce projet fut remise lors du passage

4*

dans la forêt de Compiègne. Le jour du départ étant arrivé, ils montèrent sur des voitures, escortés par des gendarmes, et un détachement de dragons, sous les ordres de l'huissier Hutrel.

Défosseux, qui était du voyage, fit usage de la scie pour couper les fers. Le convoi étant arrivé dans la forêt de Compiègne, les prisonniers se levèrent tout à-coup, les fers tombèrent aussitôt, et ils s'élancèrent des voitures, pour se réfugier dans le bois.

Mais les gendarmes et les dragons qui les escortaient, les chargèrent aussitôt. Les prisonniers voulurent faire bonne contenance, ils s'armèrent de pierres, se retranchèrent derrière les arbres, et cherchèrent à se défendre.

La troupe fit feu sur eux, deux tombèrent morts sur la place, cinq autres furent blessés, et le reste tomba à genoux en demandant grâce.

Ils se rendirent, Vidocq se plaça sur la charrette avec les autres prisonniers. L'huissier Hutrel, trouvant qu'un d'entr'eux ne montait pas assez vîte, lui passa son sabre à travers du corps. Cette action infame (on peut la qualifier ainsi, puisque les prisonniers n'étaient plus en état de révolte) les exaspéra au point qu'ils voulurent l'assommer à coups de pierres; mais comme les gendarmes et les dragons les menacèrent de faire feu, tout rentra dans l'ordre.

Ils arrivèrent à Senlis, et les prisonniers furent déposés dans la prison. A peine furent-ils dans les cachots qu'ils essayèrent de sonder les murs, mais la femme du concierge les entendit, et il fallut renoncer au projet d'évasion.

Le lendemain ils continuèrent leur route vers Paris, et entrèrent à Bicêtre. Vidocq y trouva un grand nombre de fameux voleurs qui le fêtèrent et l'accueillirent avec une sorte de distinction, parce que Défosseux en parla avec éloge, et rendit un témoignage éclatant de son adresse et de ses talens.

Il fut nommé brigadier de la salle du Fort-Mahon. Un nommé Beaumont, célèbre voleur auquel on avait vanté la force, le courage et l'adresse de Vidocq, lui chercha dispute et le battit dans la cour; mais il prit sa revanche dans un cabanon, et fut vainqueur à son tour.

Ce fut dans cette prison qu'il se mit au courant de toutes les ressources et de toutes les finesses du grand art du vol, de la filouterie et de l'escroquerie.

Tous les condamnés aux galères tentèrent encore une évasion ; ils descendirent au nombre de trente-quatre dans l'aqueduc de la maison, et ils pénétrèrent dans la cour des fous. Ils allaient escalader le mur, lorsqu'un chien les découvrit et se mit à aboyer ; tous les autres firent chorus. La garde, les guichetiers accoururent : on s'empara des fuyards, on leur mit des menottes, et ils furent tous enfermés dans des cachots.

Au bout de huit jours, Vidocq

fut conduit dans un bâtiment qu'on nomme la Chaussée ; il y trouva tous ceux qui l'avaient si bien accueilli à son arrivée : ils partagèrent avec lui ce qu'ils avaient. Vidocq songeait toujours au moyen de s'évader, lorsque le jour du départ de la chaîne arriva.

Il fut mis au cordon comme les autres, et empêcha deux forçats d'être maltraités, parce qu'il annonça qu'ils lui avaient rendu service dans différentes circonstances. On voit qu'il avait voix délibérative au chapitre.

Le lendemain la chaîne partit pour Brest. Après vingt-quatre jours de marche, elle arriva à sa destination. Dès le premier moment, Vidocq s'occupa encore des moyens de recouvrer sa liberté ; dans cette espérance, il avait acheté, lors de son passage à Morlaix, un pantalon, une chemise et un mouchoir qu'il avait cachés dans un pain.

Le lieutenant de la chaîne, Thiéry, l'avait présenté au commissaire de Marine comme un homme tranquille; il inspirait donc de la confiance, et les chefs lui témoignèrent quelque bienveillance. Vidocq, muni d'un ciseau d'acier, qu'on avait oublié sur le pied d'un lit de camp, fit un trou dans le mur.

Un forçat, nommé Blondy, coupa ses fers, et ses camarades ayant mis un mannequin à sa place, il pénétra jusque dans la cour; il monta sur le mur à l'aide d'une perche; mais comme il ne put la passer de l'autre côté pour descendre, il se laissa tomber et se foula les deux pieds, il lui fut impossible d'aller plus loin. Alors il prit le parti de rentrer au dépôt, et ayant fait demander une des sœurs hospitalières, on le transporta dans une salle où, après l'avoir fait saigner, elle obtint du commissaire la remise du châtiment qu'il avait mérité.

Trois semaines après, il entra au bagne ; il fut d'abord enchaîné avec un vigneron du département de la Côte-d'Or ; mais comme cet individu ne lui convenait nullement en raison de son peu d'intelligence, et qu'il ne pouvait compter sur son secours pour s'évader, Vidocq feignit une indisposition, afin d'être changé, et il fut accouplé avec un autre forçat qui lui conseilla de profiter de la première occasion pour s'échapper. Il demanda à Vidocq

s'il avait de l'argent; et sur saré-
ponse affirmative, il lui promit de
lui procurer des habits pour se tra-
vestir. Il lui conseilla encore, pour
écarter tous les soupçons, d'acheter
un ménage consistant en deux ga-
melles de bois, un petit tonneau
pour mettre le vin, des patarasses,
espèce de bourrelet pour empêcher
le froissement des fers, et un ser-
pentin, petit matelas rembourré
d'étoupes.

Le sixième jour de son entrée au
bagne, il eut les habillemens que
son camarade de chaîne lui avait
promis.

Le lendemain, avant d'aller à
la fatigue, il les mit sous ceux du
bagne, et il passa devant les gardes
sans qu'ils y fissent attention.

Arrivé près du bassin où il devait travailler, il se glissa derrière des planches, fit tomber ses fers qui avaient été coupés dès la veille, et laissa au même endroit le costume complet de forçat.

Il se coiffa d'une perruque et d'une casquette de cuir ; et, après avoir donné à son camarade la ré-compense qu'il lui avait promise, il disparut en passant derrière des piles de bois.

Il franchit la grille sans encombre, entra dans la ville, la traversa, et arriva enfin à la porte gardée par un nommé Lachique, ancien garde-chiourme, qui reconnaissait sur-le-champ un forçat à sa tournure et à sa démarche. Vidocq, arrivé devant ce cerbère, posa à terre une cruche de lait qu'il portait, et lui demanda à allumer sa pipe. Lachique lui donna du feu, et le laissa passer sans lui dire un mot.

Il y avait déjà trois quarts-d'heure qu'il était en route ; il avait pris le chemin qui s'était offert à ses yeux, lorsqu'il entendit les trois coups de canon qui, sans doute, annonçaient son évasion.

Il aperçut aussitôt tous les paysans qui se mettaient en marche pour arrêter le fugitif et gagner les cent francs accordés par le gouvernement pour une semblable prise. Tous ces individus étaient armés de fusils, de faulx, de bâtons, et semblaient faire une battue pour chasser une bête fauve. Un de ces paysans passa près de lui, mais son déguisement l'empêcha de le reconnaître, et même d'avoir le moindre soupçon. Il rencontra ensuite deux femmes, qui lui indiquèrent la route qu'il devait suivre, ainsi qu'un cabaret où il pourrait appaiser la faim qui le tourmentait. Il entra dans cette maison, qui était tenue par le garde-champêtre, et il y trouva encore le maire de la commune. Ces deux individus lui inspirèrent de nouvelles craintes ; et ce qui les augmenta, c'est que le maire lui offrit de le faire conduire le lendemain à Brest, où il demandait à se rendre, avec un forçat qu'il venait d'arrêter, aidé du garde-champêtre : tout cela ne le rassurait pas. Vidocq, pour sortir de tous ces embarras, feignit d'avoir oublié son portefeuille à Morlaix, dans lequel se trouvaient tous ses papiers et huit doubles louis en or. Il proposa au garde-champêtre de l'accompagner, moyennant un salaire convenu, et ils se mirent en route.

Il eut soin de faire boire son guide, de manière à l'enivrer complètement et à l'endormir ; et pendant que le garde-champêtre ronflait, Vidocq prit le chemin de Vannes.

Il voyagea pendant deux jours sans faire de fâcheuses rencontres, mais auprès de la petite ville de Guemené, au détour d'un chemin, il se trouva nez à nez avec deux gendarmes.

Il n'y avait pas moyen de fuir. N'ayant pas de papiers, afin d'éloigner les soupçons, il s'annonça comme étant le nommé Duval, faisant partie de l'équipage de la frégate la *Cocarde*, qui était en rade à St.-Malo, et il assura qu'il profitait du voisinage pour aller voir ses parens.

Un des gendarmes ne lui donna pas le temps d'achever, et lui dit : « Seriez-vous Auguste, le fils du père Duval, qui demeure à Lorient, sur la place, à côté de la Boule d'or? »

Vidocq se garda bien de dire le contraire : le gendarme ajouta qu'il était fâché de l'avoir arrêté, puisqu'il était le fils de quelqu'un de sa connaissance, mais cependant qu'il ne pouvait se dispenser de le conduire à Lorient ou à St.-Malo. Vidocq préféra se rendre à Lorient, les gendarmes y consentirent ; et deux jours après, il fut écroué dans la prison de cette ville.

Le lendemain, il fut interrogé par le commissaire de marine, qui le fit extraire de la prison pour comparaître devant lui. Vidocq se donna toujours pour être Auguste Duval, et répéta qu'il avait quitté son bord pour venir voir ses parens, mais qu'il n'avait pas pris de permission.

Le commissaire de marine ne lui fit pas la moindre observation, il se contenta de le renvoyer en prison.

Il y trouva un marin qui lui dit en confidence : « Si vous voulez payer à déjeûner, je pourrai vous être utile. »

Vidocq accepta la proposition ; ils se mirent à table, et tout en mangeant, le marin lui offrit de nouveau ses services pour jouer le rôle de Duval, sous le nom duquel il s'était présenté.

En conséquence, il lui annonça que ce jeune homme était mort à la

Martinique, mais qu'il était à même
de lui donner tous les renseignemens pour se montrer à ses parens,
qui ne se douteraient nullement de
la supercherie, puisque leur fils
était parti depuis son enfance.

Auguste Duval, avant de s'embarquer, s'était fait tatouer le bras, et
on lui avait dessiné sur la peau
un autel, surmonté d'une guir-
lande.

Il promit de lui faire ces mar-
ques, mais qu'il fallait qu'ils fussent mis au cachot ensemble.

Pour y réussir, ils s'amusèrent à
jeter des boulettes au factionnaire placé sous les fenêtres de la
prison.

Le soldat ne prit pas la chose en
riant, il porta sa plainte au concierge, et un quart-d'heure après,

on vint les chercher, et on les ren-
ferma dans un cachot.

Ils se mirent sur-le-champ à l'ouvrage ; Vidocq fut tatoué, et dix
jours après, on eût juré que cette
opération avait été faite depuis plusieurs années.

Le marin lui avait, en outre,
donné des particularités très-pré-
cieuses sur la famille de Duval, ce
qui lui fut d'une grande utilité,
car quelques jours après ses prétendus parens vinrent le voir.
Comme on les lui avait dépeints,
de manière à pouvoir les reconnaître, dès qu'il les aperçut, il
courut de suite les embrasser ; et
ces bonnes gens, qui depuis très-
long-temps n'avaient pas vu Auguste Duval, crurent avoir retrouvé
leur fils ; ils le pressèrent dans leurs

bras, lui prodiguèrent les plus tendres caresses, et ils aidèrent eux-
mêmes à se tromper , en disant
hautement qu'ils le reconnais-
saient.

Le commissaire de marine, qui
se trouvait dans la prison, fut témoin de cette scène intéressante ; le
père et la mère Duval le suppliè-
rent de s'intéresser à leur fils, et
de le faire mettre en liberté; mais
le commissaire leur répondit que ,
malgré toute sa bonne volonté, il
ne pouvait faire droit à leur demande , parce que leur fils avait déserté.

Quelques jours après , il partit
pour St.-Malo, où se trouvaient plusieurs marins de l'équipage de la
frégate la *Cocarde* ; et ses parens
lui donnèrent de l'argent , avant

qu'il se mît en route , après l'avoir embrassé et comblé de bénédictions.

Vidocq, sous la conduite de la gendarmerie, passa par Quimper, et il fut déposé dans la prison de cette ville.

Il y trouva un forçat évadé, qui le reconnut, et qui lui promit d'être discret ; c'était le nommé Goupy.

Vidocq chercha à s'évader, et commença à percer un mur, mais ce travail, présentant de très grandes difficultés, il désespéra de les surmonter, et prit le parti d'annoncer lui-même au concierge qu'il avait entendu des prisonniers former le projet de s'évader, et qu'ils avaient même commencé à travailler.

Le concierge, d'après cet avis,

fit des recherches, et découvrit le trou commencé par Vidocq : dès ce moment il le vit avec une sorte de bienveillance, et lui accorda même sa protection. Vidocq crut qu'il réussirait mieux dans ses projets d'évasion, en se faisant mettre à l'hôpital ; et, pour se donner la fièvre, il avala du jus de tabac : le médecin lui donna un billet d'entrée, et il prit l'uniforme des malades. Sa fièvre fut bientôt passée ; alors il eut recours à un autre moyen. Pour prolonger son séjour à l'hôpital, il employa une de ces recettes qui sont connues des prisonniers, et se fit enfler la tête.

Les médecins cherchèrent la cause de ce mal, et ils ne purent la découvrir, quoiqu'ils se fussent consultés entre eux. Vidocq s'adressa

ensuite à un forçat libéré qui rem-
plissait dans l'hôpital les fonctions
d'infirmier.

Il lui proposa, moyennant une
récompense, de lui procurer l'a-
grément d'aller passer une heure
ou deux dans la ville en se dégui-
sant, mais lorsque la nuit serait venue.

L'infirmier y consentit en lui annonçant que les murs étaient faciles
à escalader, vu leur peu d'élévation,
et qu'il prenait lui-même cette
route avec ses camarades, lorsqu'ils
voulaient sortir pour s'amuser.

Ils furent bientôt d'accord, et
l'infirmier lui apporta des habillemens; il les essaya, mais ils se trouvèrent trop étroits.

Alors Vidocq s'imagina de lui
demander les habillemens de la

sœur Françoise qu'il vit passer dans l'infirmerie, et dont la taille et l'embonpoint se rapprochaient de sa corpulence. L'infirmier promit de fournir ce qu'il demandait ; et lorsque la sœur fut couchée, il s'empara de ses vêtemens et les lui apporta. Il l'aida à faire sa toilette ; et lorsqu'elle fut terminée, la sœur Vidocq escalada les murs après avoir donné cinquante francs à son valet-de-chambre, pour prix de sa complaisance. Au point du jour, Vidocq avait déjà fait deux lieues.

Il rencontra un paysan, auquel il demanda quelle était la route qu'il suivait. Le villageois lui répondit qu'il s'avançait sur Brest.

Comme ce n'était pas dans cette ville qu'il voulait se rendre, et pour cause, il le pria de lui indiquer *le* chemin de Rennes, et le paysan lui fit prendre une route de traverse ; Vidocq s'empressa de la suivre.

Il arriva dans un village, et il s'informa s'il n'y avait point de militaires qui pourraient le tourmenter et compromettre son honneur en outrageant sa pudeur. Son costume de sœur hospitalière lui permettait de faire ces observations.

Il s'était adressé au bédeau de la paroisse, qui, bavard comme tous ses pareils et assez familier, le força d'entrer au presbytère pour se rafraîchir.

Le curé en voyant la prétendue sœur la reçut au mieux, et lui annonça qu'ils déjeûneraient ensemble lorsqu'il aurait dit la messe.

Vidocq le suivit à l'église accompagné de la servante, qu'il imita en tout point pour les signes de croix et les génuflections. La messe étant finie, on rentra au presbytère. La bonne servante du curé servit le déjeûner, chacun mangea de bon appétit, et lorsque la faim fut apaisée, le cher pasteur fit des questions à la sœur Vidocq sur le motif de son voyage.

Vidocq, baissant les yeux et singeant la modestie, répondit au nom de sœur Françoise, qu'elle allait à Rennes par ordre de son directeur, pour faire pénitence et mériter l'absolution.

Le curé, discret par état et par caractère, n'en demanda pas davantage ; mais le bédeau, qui était resté pour être spectateur du déjeûner, voulut connaître la nature du péché.

La sœur Françoise lui répliqua que c'était un excès de curiosité, le questionneur garda le silence; et Vidocq, pour éviter de nouvelles questions qui auraient pu le trahir et l'embarrasser, se leva pour se mettre en route; il remercia le curé, et, après avoir pris des renseignemens sur la route de Rennes, il partit.

Le jour baissait, il arriva dans dans un village, et un paysan, qui crut faire une œuvre méritoire, lui donna l'hospitalité. Il soupa avec toute la famille, et lorsqu'il fut question de prendre du repos, on le mit coucher avec les deux filles de la maison qui, sans être jolies, avaient toute la fraîcheur de la jeunesse.

Mais plus chaste que Joseph, et

plus continent que Scipion l'Afri-
cain, il fut obligé de mettre un frein
à ses désirs, et de résister à toutes
les tentations, quoique le démon
de la chair le tourmentât vivement.

Avant que le jour parût on frappa
à la porte avec assez de violence :
Vidocq en fut effrayé. Le maître de
la maison demanda ce que l'on voulait ; on lui répondit que deux soldats, qui avaient couché dans l'é-
table, demandaient à allumer leurs
pipes. Vidocq se rassura ; on ouvri
la porte, on leur donna du feu, e
ils disparurent. A cinq heures, le
deux filles se levèrent pour faire
chauffer la soupe de la sœur Vidocq, qui fit sa toilette de son mieux
Après avoir mangé le potage et re
mercié ces bonnes gens, il partit
marcha toute la journée, et le soir

il arriva dans un village près de Vannes.

Il y coucha, et traversa la ville le lendemain au lever de l'aurore.

Vidocq avait toujours envie d'aller à Rennes, et de là à Paris; mais il rencontra sur la route une femme accompagnée de son enfant, qui montrait des reliques et vendait des cantiques dans les campagnes, tout en se rendant à Nantes. Il prit le parti de faire la route avec elle. Après huit jours de marche, ils arrivèrent dans cette ville; Vidocq quitta la femme aux *Agnus*, et demanda l'île Feydeau.

Il avait connu à Bicêtre un nommé Grenier, dit le *Nantais*, qui tenait dans cette ville une maison où se refugiaient tous les voleurs; on lui indiqua le domicile de Grenier, et il fut assez heureux pour y arriver.

En prononçant le nom de Grenier, sa femme, à laquelle il s'adressait, lui demanda si son mari était toujours *malade* ; ce qui voulait dire *en prison*. Vidocq répondit qu'il *se portait bien*, autrement, pour le français, qu'il était libre.

La femme Grenier reconnut, d'après le discours de Vidocq, que c'était un *ami*. Elle le conduisit alors dans une chambre voisine, où il trouva cinq à six voleurs ou échappés des bagnes, et deux femmes qui jouaient aux cartes en buvant de temps en temps.

Ils furent tous étonnés de voir entrer une sœur du pot ; mais Vidocq, ôtant sa coiffe et sa guimpe, fut bientôt reconnu, et on se mit à table pour célébrer son arrivée.

Le souper étant terminé, on lui donna un lit ; il se coucha, dormit paisiblement, et le matin, à son réveil, il trouva près de lui un habillement complet.

Cette prévoyance prouvait que la femme Grenier savait exercer les devoirs de l'hospitalité.

Vidocq accepta tout ce qui lui fut offert, en attendant qu'il eût reçu de l'argent de sa mère, à laquelle il avait écrit, ce qui le mettrait à même de reconnaître les services qu'on lui rendait.

Quelques jours après, ses cochambristes lui proposèrent de les accompagner, pour voler dans une maison de la place Graslin.

Vidocq, ne voulant pas faire naître de soupçons, promit d'être de la partie, mais il résolut de s'éloigner.

En conséquence, il changea ses habits contre une blouse de paysan, et, après avoir reçu vingt francs de retour, il quitta Nantes, portant un panier sur son épaule, au bout d'un bâton; il suivit les chemins de traverses, et arriva à Cholet.

Il entra dans un cabaret, dont le maître lui demanda s'il venait au marché pour acheter des bestiaux; il répondit que c'était son intention. Il s'y rendit le lendemain de très-grand matin, et s'approcha d'un marchand de bœufs, dont les dehors lui inspiraient de la confiance; il s'annonça à ce brave homme comme un déserteur, et lui dit qu'il désirait une place qui pût lui fournir les moyens de se rendre à Paris, auprès de sa famille.

Le marchand lui proposa de conduire un troupeau de bœufs à Sceaux, Vidocq accepta; et il entra de suite en fonctions. Son nouveau maître le chargea de porter une lettre chez un habitant de Cholet, qui lui remit une somme de trois cents francs; Vidocq les apporta à son patron, qui parut satisfait, et le lendemain ils se mirent en route pour Paris.

Il y avait déjà trois jours qu'ils étaient en marche, lorsque le marchand de bœufs lui demanda s'il savait lire et écrire; sur sa réponse affirmative, il lui donna un troupeau de bœufs à conduire, avec deux autres garçons, qui étaient sous ses ordres; il lui indiqua ce qu'il avait à faire, lui remit de l'argent pour la dépense, et partit pour aller acheter des bœufs dans un autre canton.

Vidocq, devenu maître-garçon, ne voyageait plus à pied, un bon bidet, d'un pas relevé, lui épargnait les fatigues de la route.

Il eut un soin tout particulier de ses bœufs, et son patron lui en fit des complimens lorsqu'il arriva à Verneuil, où il l'avait précédé.

Les bœufs que Vidocq avait conduits furent vendus plus cher que les autres au marché de Sceaux ; son maître lui donna une gratification de quarante francs, et il reçut des éloges de tous les marchands.

Les garçons furent fâchés de la préférence qu'on lui accordait, et l'un d'eux lui chercha querelle, mais il fut complètement battu par Vidocq.

Son maître voulait le garder à son service ; il allait souvent à Paris pour faire ses commissions ; son nouveau costume le rendait méconnaissable à tous les yeux.

Cependant un soir, en passant rue Dauphine, pour retourner à Sceaux, on lui frappa sur l'épaule; il se retourna, et reconnut le nommé Villedieu dont nous avons déjà fait mention, qui, après lui avoir témoigné combien il était charmé de l'avoir rencontré, l'invita à souper, en lui annonçant qu'il avait beaucoup de choses à lui dire.

Vidocq accepta la proposition ; ils montèrent dans un fiacre, et partirent pour se rendre à Sceaux.

Ils descendirent à l'auberge du Grand-Cerf, demandèrent à souper, et on les plaça dans un cabinet particulier.

Dès qu'ils furent servis, Villedieu

ferma la porte à double tour, et
apprit en pleurant à Vidocq qu'il
était un homme perdu, s'il ne lui
fournissait pas le moyen de se soustraire aux recherches dirigées contre lui ; il ajouta qu'il avait beaucoup d'argent, et qu'ils se réfugie-
raient ensemble en Suisse.

Ce début donna de l'inquiétude
à Vidocq ; et ce qui l'augmenta encore, c'est que Villedieu lui apprit
qu'il avait fait partie d'une bande
de chauffeurs arrêtés comme voleurs et assassins, et renfermés
dans la prison de Lille.

Le nommé Salambier, leur chef,
les avait tous dénoncés, et qua-
rante-trois de ces scélérats, hommes
et femmes, avaient été mis sous la
main de la justice.

Vidocq se garda bien de lui donner

connaissance de ce qu'il faisait, ni de son domicile. Après avoir soupé, il fut question de se quitter, et Villedieu lui donna rendez-vous pour le lendemain.

Vidocq n'avait pas l'intention d'y paraître, il fit même un grand circuit pour retourner à son auberge; et le lendemain, avant le jour, son maître l'ayant éveillé, ils partirent de suite pour Nogent-le-Rotrou : le marchand de bœufs habitait dans les environs. Au bout de quatre jours ils y arrivèrent, Vidocq fut bien reçu; et quoique son existence fût assez agréable, il conservait toujours le désir de retourner à Arras.

Il conduisit de nouveau des bœufs à Paris, et demanda son congé à son maître, qui le lui donna tout en lui témoignant du regret de le voir partir.

Vidocq se mit en route pour Arras, et il y arriva après trois jours de marche.

La nuit commençait à paraître ; il n'osait pas aller chez son père, et il descendit chez une de ses tantes, qui voulut bien se charger d'annoncer son arrivée à ses parens.

Ils le croyaient mort, car depuis long-temps ils n'avaient pas reçu de ses nouvelles. Les lettres qu'il avait écrites n'étaient pas parvenues. Enfin son père et sa mère consentirent à le voir ; il se montra, ils l'embrassèrent, et tout fut oublié.

Il leur raconta ce qui lui était arrivé depuis son départ ; ce qui les intéressa vivement. Il demanda ensuite des nouvelles de sa femme, et il apprit qu'elle avait toujours mené une mauvaise conduite, et qu'elle vivait avec un avocat qui en prenait soin.

Vidocq, qui craignait que la police ne vînt enfin à le découvrir et à le faire arrêter, se retira dans le village d'Ambercourt, à quelques lieues d'Arras, chez un ancien carme, ami de son père, qui disait la messe et faisait l'école.

Vidocq devint son sacristain et son second pour l'enseignement ; mais comme il voulut donner des leçons d'un autre genre aux jeunes filles du village, on porta des plaintes au père Lambert, qui lui fit des reproches.

Il nia les faits articulés contre lui ; mais une nuit qu'il conduisait une jeune fille de seize ans dans un grenier, quatre garçons brasseurs, qui le guettaient, le saisirent et le conduisirent dans une houblonnière.

Après l'avoir dépouillé de ses vêtemens, et même de sa chemise, ils le fustigèrent avec des chardons et des orties, jusqu'à ce que la peau se fût couverte du sang du libertin pédagogue.

Ils le laissèrent sur la place, étendu et sans connaissance ; au bout d'un certain temps, il revint à lui, couvert de sang et de plusieurs miliers d'ampoules.

Il n'osa retourner chez le père Lambert, il y avait plus d'un danger à courir ; mais honteux, contri et fustigé, il se rendit à Mareuil, chez un de ses oncles, couvert d'une natte de joncs, en forme de

cilice; et Vidocq, sous cet accou-
trement, ressemblait assez à un
pénitent, ou à l'un des solitaires
de la Thébaïde. Il arriva au milieu
de la nuit, son oncle fut très surpris de le voir à cette heure, et rit
beaucoup de sa mésaventure, lorsqu'il en connut le sujet.

On eut soin de l'oindre de crême
et d'huile, et au bout de huit jours,
le luxurieux Vidocq fut guéri de la
flagellation qu'il avait un peu mé-
ritée.

Vidocq partit pour Arras; mais
ne pouvant y rester, parce que la
police était sur ses traces, il se décida à se rendre en Hollande.

Sa mère lui avait donné de l'argent, il se mit en route et passa
par Bruxelles.

Il y demanda des nouvelles de la

baronne qui avait été sur le point de l'épouser, et il apprit que cette dame s'était retirée à Londres, pour y déplorer son funeste égarement.

Il passa par Anvers et Bréda, et s'embarqua pour Roterdam ; arrivé dans cette ville, il logea dans une taverne ; on l'accueillit avec amitié, et on finit par l'enivrer.

Il s'endormit, et le lendemain, à son réveil, il se trouva à bord d'un brick hollandais ; on l'avait enlevé pour en faire un marin, sans lui demander son consentement.

Il était couché près d'un hauban, sans trop songer où il était, et il croyait encore rêver, lorsqu'un homme de l'équipage lui dit de se lever, en accompagnant ces paroles d'un coup de pied.

Il fit semblant de ne pas entendre, parce qu'on lui avait parlé hollandais, alors on le lui ordonna en français.

Il observa qu'il n'était pas marin ; on voulut lui répondre par des coups de cordes, il se leva, et prit un couteau pour repousser ces violences.

Les assaillans n'osèrent pas s'avancer ; cette scène occasiona du tumulte sur le pont ; on crut devoir en avertir le capitaine, qui se hâta d'approcher, et demanda à Vidocq quel était le motif de sa conduite.

Il lui répondit qu'il était fort extraordinaire qu'on l'eût enlevé pendant son sommeil, et qu'on voulût le rendre marin malgré lui. Le capitaine se contenta de lui observer qu'il ne pouvait rien changer aux mesures ordonnées par son gouver-

nement. Cette réflexion fit murmu-
rer les hommes qui, comme Vidocq,
avaient été enlevés par cette espèce
de presse, et il y eut une insurrec-
tion sur le bâtiment; on crut que
Vidocq en était le chef, le capitaine
le fit conduire dans sa chambre, et
l'interrogca sur sa conduite. Il se
tira d'affaire en prouvant qu'il
ignorait le motif qui avait porté les
hommes de l'équipage à se plaindre,
et qu'ayant été enrôlé malgré lui,
et même par violence, on ne pouvait exiger qu'il fût soumis à la dis-
cipline.

Après ces explications, le capitaine lui permit de retourner sur
le pont; il s'y promena pendant
quelque temps, et tandis que les
matelots étaient occupés, chacun
de leur côté, il descendit dans une

petite chaloupe qui était près du bâtiment, il coupa la corde qui la retenait, et, se servant des rames qui y étaient encore, il gagna au large et aborda un corsaire de Dunkerque qui était à l'ancre dans la rade ; il y monta, et après avoir parlé au capitaine, qui s'amusa beaucoup du récit de son aventure, il fut admis au nombre des marins qui composaient son équipage.

Deux heures après le bâtiment mit à la voile, et il établit sa croisière dans le Sund ; ils prirent un caboteur anglais, et vendirent la cargaison à Bergen, en Norwège.

Vidocq resta six mois à bord du *Barras*; c'était le nom du bâtiment qui vint ensuite relâcher à Ostende. Il y fut encore arrêté par les gendarmes, sous le nom d'Auguste Duval, de Lorient, et fut ensuite conduit à Lille.

Vidocq, pour ne pas être reconnu, se barbouilla la figure avec de la suie ; il trouva dans la prison un matelot du *Barras*, qui l'invita à déjeûner avec sa femme, dont il avait reçu la visite ; il se rendit à la cantine, et en approchant de la table, quelle fut sa surprise de rencontrer Francine, qui jeta un cri et tomba sans connaissance ! Cet événement n'eut pas de suite, Francine s'empressa d'annoncer qu'elle avait cru voir son frère, mais qu'elle s'était trompée.

Le lendemain, Vidocq fut extrait de la prison pour être transféré à Douai ; Francine se trouva à la première halte. Il y eut une explication entre les deux amans ; elle prouva à Vidocq qu'elle n'avait rien à se reprocher; ils se dirent réciproquement les choses les plus tendres, et lorsqu'ils se quittèrent, Francine lui remit deux cents francs en or.

Vidocq arriva à Douai, toujours sous la conduite des gendarmes; et ce fut un nommé Dutilleul, qui l'avait pansé des morsures du chien, lorsqu'il avait voulu s'évader de la prison, qui vint lui ouvrir la porte : l'huissier Hutrel s'y trouvait également.

Comme il s'était norci la figure, ils avaient peine à le reconnaître, et ils lui demandèrent s'il n'était pas Vidocq? Il répondit qu'il se nommait Auguste Duval, né à Lorient; qu'on pouvait écrire dans cette ville pour s'en assurer, et qu'il avait déserté à Ostende d'un bâtiment de la marine royale.

Un juge d'instruction le fit comparaître ensuite devant lui, et l'interrogea; l'huissier Hutrel et le concierge assurèrent qu'ils ne se trompaient pas, et l'accusateur public Ranson, qui vint également dans la prison, prétendit le reconnaître. Vidocq soutint toujours le contraire, mais pour lever tous les doutes, on écrivit à sa mère à Arras, en l'invitant à venir le voir.

Elle se hâta de se rendre à Douai, et se présenta à la prison. On Appela Vidocq, il parut; sa mère s'approcha pour l'embrasser, en l'appelant son cher fils; il la repoussa en disant qu'il était cruel de tromper ainsi une mère. Elle se douta du stratagème, et dit qu'effectivement ce n'était pas son fils, mais qu'il y avait un peu de ressemblance ; ensuite elle sortit.

On écrivit à Lorient, et le tatouage du bras de Vidocq augmenta encore l'incertitude.

La lettre de Lorient le présentait comme étant Duval, échappé de l'hôpital de Quimper, et il était réclamé comme déserteur de la marine. Vidocq s'ennuya des tracasseries et des vexations qu'on lui faisait éprouver dans la prison, et pour y mettre un terme, il finit par avouer ce qu'il était réellement.

Pour éviter de nouvelles évasions, on s'empressa de le transférer à Bicêtre.

Il y trouva encore d'anciennes connaissances.

Le départ de la chaîne eut lieu,

il en fit partie, et elle se mit en route pour Toulon ; ils essuyèrent une tempête sur le Rhône, où on les avait embarqués sur une gabarre. Ils furent sur le point de faire naufrage près du pont du Saint-Esprit ; ils en furent quittes pour la peur, et arrivèrent enfin à leur destination.

Vidocq fut mis à la salle n° 3, à la double chaîne, comme forçat évadé, et il ne devait jamais aller à la fatigue. Il parvint à se concilier l'amitié du père Mathieu, chef des gardiens, qui lui permit de travailler à des jouets d'enfans ; il gagna quelque argent, et feignit ensuite d'être malade pour aller à l'hôpital.

Il espérait trouver les moyens de s'évader ; il finit par y réussir, et voici le moyen qu'il employa.

Un jour que le chirurgien faisait sa visite, il quitta son habit et son chapeau, et les plaça sur une table, afin d'opérer plus facilement un malade. Tandis qu'il était occupé près du lit, et que les infirmiers se trouvaient autour de lui pour le seconder, Vidocq s'empara de ses vêtemens, s'empressa de s'en couvrir, et sortit.

L'opération étant terminée, le chirurgien voulut reprendre ses habits, il ne les trouva pas ; et comme Vidocq était absent, on se douta de l'affaire ; on courut après lui, il fut arrêté et reconduit au bagne. Le chirurgien lui pardonna son escapade en faveur de son adresse.

Il obtint même de ne plus être à la double chaîne, mais le père Mathieu ne voulut plus lui permettre de fabriquer des jouets d'enfans.

Enfin il trouva moyen d'apitoyer sur son sort le commissaire du bagne, en lui disant qu'il était aux galères à la place de son frère auquel il ressemblait beaucoup, et que cette fatale méprise était la cause de son malheur.

On le déferra, et il fut mis à la fatigue, c'est-à-dire aux travaux ; il avait trouvé le moyen de se procurer des habillemens ; et un jour qu'il était dans la corderie, il se travestit derrière des planches, entra dans le bassin, sauta dans une embarcation qui partait pour la ville, et il entra dans Toulon.

Vidocq n'avait point de carte pour sortir de la ville ; et lorsqu'il se présenta à la porte, le factionnaire refusa de le laisser passer. Il ne savait comment s'y prendre, et réfléchissait aux moyens qu'il pourrait employer pour sortir de ce cruel embarras, lorsqu'il entendit le coup de canon qui annonçait sa fuite.

Sa crainte et sa frayeur redoublèrent, lorsqu'une femme vint à passer, et s'écria dans son patois : «Encore un forçat d'échappé, puisse-t-il ne pas être repris ! »

Vidocq s'approcha d'elle, et prenant un peu d'assurance, lui dit : « Vous vous intéressez donc aux forçats? » La femme répondit : « Ils sont si malheureux, que je voudrais les voir tous sauvés. »

Vidocq ne craignit plus de se faire connaître, et lui avoua qu'il en était un. Alors elle lui promit de lui fournir les moyens de sortir de la ville, et d'aller demander à son frère la carte qui pouvait lui servir de passeport.

Elle l'engagea à le suivre, et Vidocq marcha sur les pas de son aimable guide ; mais le hasard vint à son secours, il rencontra un enterrement, et une foule d'habitans de Toulon suivait le convoi.

Cette femme engagea Vidocq à se glisser dans la foule ; il suivit ce conseil, et sortit de Toulon.

Le voilà donc dans la campagne, livré à lui-même, et ne sachant de quel côté tourner ses pas ; il était cinq heures du soir. Il rencontra tout-à-coup un homme armé d'un fusil; il le prit d'abord pour un chasseur, mais apercevant un pistolet dans sa poche, il crut que c'était un de ceux qui couraient à la recherche des forçats évadés, et qu'il allait être arrêté.

Il prit son parti, et s'en approcha sans témoigner aucune frayeur, et lui demanda la route d'Aix; l'autre s'informa si c'était le chemin de traverse ou la grande route, car dans cette dernière il pourrait y rencontrer des gendarmes.

Vidocq fut effrayé de cette observation; le chasseur s'en aperçut, et il le tranquillisa, en lui annonçant qu'il allait le conduire lui-même au village de Pourrières, près d'Aix. Ils se cachèrent d'abord dans un taillis très-épais; la nuit étant venue, ils se mirent en marche, et Vidocq suivit les pas de son guide.

Il aperçut les gendarmes, le chasseur lui dit de ne rien craindre, et lui donna en même temps des pistolets pour se défendre.

Ils se trouvaient alors sur le bord de la grande route, et ils s'arrêtèrent dans le taillis; la malle-poste arriva, les gendarmes qui l'attendaient relevèrent l'escorte, et elle continua sa route. Lorsqu'ils furent éloignés, le compagnon de Vidocq lui dit : Partons, il n'y aura rien à faire aujourd'hui.

Il n'entra pas dans d'autres détails, et Vidocq ne lui fit aucune question.

Ils prirent une autre direction, et après avoir marché assez long-temps, le chasseur s'approcha d'un arbre, examina une marque faite avec un couteau sur l'écorce, et dit ensuite : C'est bon !

Vidocq ne pouvait deviner le

mot de cette énigme, alors son conducteur tira un morceau de pain de sa carnassière, le lui présenta, et lui donna a boire dans sa gourde.

Vidocq n'en fut pas fâché; la soif et la faim le tourmentaient. Il marchait assez vite, malgré l'obscurité; il commençait à se fatiguer, et il était sur le point d'en faire part à son camarade, lorsque trois heures sonnèrent à l'horloge d'un village. Le guide s'arrêta, Vidocq en fit autant, et après s'être couché sur la terre, d'après l'ordre qui lui en fut donné, ils écoutèrent et distinguèrent le pas de plusieurs hommes. Ils ne bougèrent pas, et entendirent crier : Qui vive ?

Ils se gardèrent bien de répondre et de faire le moindre mouvement.

C'était une patrouille de *polonais* qui cherchait le compagnon de Vidocq.

La patrouille s'était arrêtée, et après être restée quelques temps en station, le chef donna l'ordre de se mettre en marche pour retourner à Pourrières, puisqu'ils ne rencontraient point ce qu'ils cherchaient.

Comme ils partaient, le compagnon de voyage de Vidocq lui commanda d'armer ses pistolets, et de faire feu du côté de la patrouille, lorsqu'il lui en donnerait le signal. Vidocq exécuta ponctuellement ce qui lui avait été prescrit, et chacun s'enfuit de son côté; la patrouille n'osant pas s'avancer dans le bois, craignant une embuscade.

Le jour commençait à paraître;

après avoir encore marché quelque temps, Vidocq et son guide arrivèrent près d'une petite maison isolée ; ce dernier passa dans le jardin à travers les palissades, prit une clé dans un tronc d'arbre, ouvrit une porte, et ils entrèrent ensuite dans une chambre éclairée par une lampe, accrochée à la cheminée.

Vidocq aperçut des vêtemens de femme placés sur une chaise, auprès d'un lit, et il entendit la dormeuse qui ronflait assez fort ; il découvrit encore dans un coin de la chambre un baril de poudre, et des cartouches sur le plancher. Pendant qu'il faisait ces observations, son hôte mit sur la table de la viande, du pain, de l'huile, des oignons et du vin ; il prit une chaise, Vidocq suivit cet exemple. Ils se mirent à table, mangèrent de bon appétit, et lorsqu'ils eurent terminé leur repas, l'Amphitrion se leva, conduisit Vidocq dans un grenier, en lui montrant de la paille pour se coucher; il le laissa seul, et ferma la porte.

Vidocq s'étendit sur la paille, s'endormit sur-le-champ, et son sommeil fut aussi long que paisible. Il se réveilla enfin; la femme qui se trouvait en bas l'ayant entendu faire un mouvement, monta, entr'ouvrit la porte, et lui dit de se tenir tranquille, parce que les gendarmes parcouraient les environs.

A la brune, Vidocq revit son homme, qui lui fit alors quelques questions, et demanda qui il était; il répondit qu'il était déserteur du vaisseau l'*Océan*, qu'il se rendait à Aix, et de là dans son pays.

L'autre lui dit en confidence qu'il faisait partie d'une troupe de soixante conscrits réfractaires, sous les ordres des nommés Roman et Bisson, et qu'ils vivaient ainsi dans les bois, au sein de l'abondance, après avoir eu quelques démêlés avec les gendarmes, où de part et d'autre il y avait eu des tués et des blessés.

Il lui proposa de s'enrôler avec eux, et Vidocq accepta.

Le lendemain il lui donna une carabine et des pistolets, et ils se mirent en route à travers des montagnes couvertes de bois.

Après quatre heures de marche, ils arrivèrent à la maison de Roman, où se trouvaient quarante à cinquante individus, groupés autour de leur chef.

Vidocq lui fut présenté, son guide fit son éloge, et il fut admis d'après ces bons témoignages; chacun lui fit fête, et dès ce moment il fut regardé comme un camarade.

Le lendemain Roman envoya sur la route de Nîsmes celui qui avait présenté Vidocq, avec six hommes dont il faisait partie, en leur ordonnant d'arrêter la diligence, qui devait passer pour se rendre dans cette ville; mais comme elle était escortée, ils n'osèrent rien entreprendre, et se retirèrent au quartier-général : Roman fut très-mécontent.

Vidocq reconnut qu'il faisait partie d'une bande de voleurs de grands chemins; cette société était très-dangereuse pour lui, en raison de sa qualité de forçat; il songea à s'éloigner, et demanda à l'un des bandits s'il pourrait obtenir un congé de quelques jours, il lui répondit sèchement que l'on n'en donnait pas.

Il y avait déjà huit jours que Vidocq faisait partie de cette bande, lorsqu'une nuit, qu'il reposait, il fut réveillé en sursaut par le bruit que faisait un des voleurs, auquel on avait enlevé sa bourse ; comme Vidocq était un des derniers enrôlés dans la bande, on le soupçonna d'être le coupable, et il fut obligé de se déshabiller.

Dès qu'on vit sur sa chemise l'estempille des galères, on reconnut que c'était un forçat.

Roman ordonna de le passer par les armes ; les fusils furent armés sur-le-champ, mais comme le chef observa qu'il fallait auparavant qu'il rendît l'argent, Vidocq répondit qu'il n'y avait rien de plus juste, et il demanda la permission de lui parler en particulier.

Roman y consentit. Dès qu'ils furent seuls, Vidocq l'assura qu'il n'était pas coupable du vol, et en même temps, il lui indiqua un moyen de découvrir le coupable ; c'était de prendre autant de brins de paille qu'il y avait d'individus, d'en faire tirer à chacun, et la plus longue ferait connaître le voleur. Roman eut recours à ce moyen.

On tira, et il se trouva une paille plus courte entre les mains d'un nommé Joseph, qui avait rogné la sienne ; il fut reconnu pour le voleur : on le fouilla, il avait l'argent dans sa ceinture.

Vidocq se trouva justifié ; Roman

lui témoigna combien il était fâché de cet événement ; mais il lui annonça en même temps qu'il ne pouvait plus faire partie de la bande, puisqu'il avait été aux galères. Vidocq fut donc obligé de partir ; Roman lui donna quinze louis, en exigeant la promesse de garder le secret de tout ce qu'il avait vu se passer parmi eux au moins pendant vingt - cinq jours. Vidocq lui en donna l'assurance ; il partit et tint parole. Vidocq fut enchanté de quitter la troupe de Roman ; il courait les plus grands dangers, surtout depuis qu'il savait qu'il était échappé des galères.

Ils s'empressa donc de s'éloigner de ces contrées, prit des chemins détournés, et il arriva à Orange.

Il coucha dans cette ville , et le

lendemain il avait à peine fait une lieue, lorsqu'il rencontra des rouliers provençaux qui se rendaient à Lyon.

Il lia conversation avec eux, s'annonça comme un déserteur, et demanda à leur tenir compagnie.

Ils y consentirent, et il fut convenu qu'il passerait pour le fils de leur maître.

Ils le revêtirent d'une blouse, ornèrent son chapeau de bouquets et de rubans, comme s'il eût fait son premier voyage. Il se prêtait d'autant mieux à ce petit stratagème, qu'il avait de l'argent, et qu'il en faisait un bon usage dans tous les lieux où ils s'arrêtaient; ce fut ainsi qu'ils arrivèrent à Lyon.

Vidocq se sépara de ses compagnons de voyage ; il ne lui restait plus que vingt-huit sous. Après avoir soupé dans une gargote, il réfléchissait au moyen de trouver un gîte pour y passer la nuit, lorsqu'il entendit parler allemand à un juif et à sa femme, qui se trouvaient à une autre table. Il leur adressa la parole, et leur demanda de lui indiquer une auberge. Ils étaient logeurs ; ils lui offrirent un lit dans leur maison, et le conduisirent rue Thomassin.

Ils le firent entrer dans une chambre où il y avait six lits, qui, tous, se trouvaient vacans ; il était dix heures du soir, et il crut qu'il y passerait la nuit tout seul. Il se coucha donc et s'endormit profondément.

Le lendemain, à son réveil, il entendit parler *argot* par plusieurs individus qui étaient venus se coucher pendant son sommeil, et qui se plaignaient d'avoir manqué un vol chez un orfèvre.

Il connut alors dans quelle société il se trouvait. Un de ces individus avertit ses camarades qu'il y avait là un étranger qui pouvait les entendre, et il leur conseilla de se taire.

Celui qui venait de parler se leva, et Vidocq reconnut le nommé Neveu, forçat évadé du bagne de Toulon ; un second quitta le lit, c'était encore un forçat nommé Cadet-Paul ; les deux autres complétaient le quatuor. Il finit par se montrer, et chacun s'écria avec une surprise mêlée de plaisir : « C'est Vidocq! »

Ils lui firent fête, et Charles Déchamps, l'un des voleurs du garde-meuble, le félicita sur son évasion.

Lorsqu'ils eurent fait leur toilette, ils l'emmenèrent déjeûner aux Brotaux, où se trouvèrent d'autres voleurs. Les frères Quinet, Bonnefoi, Robineau, Métral et Le Mat, qui jouissaient tous d'une grande réputation, cherchèrent à lui prouver leur amitié par tous les moyens qui étaient en leur pouvoir, et lui procurèrent de l'argent, des habits, et même une maîtresse.

Ils lui proposèrent de travailler, c'est-à-dire de voler avec eux. Vidocq s'y refusa sous divers prétextes : il leur devint suspect ; et, craignant qu'il ne les dénonçât à la police, ils prirent l'initiative, et il fut arrêté en sortant de chez la fille Adèle Buffin.

Conduit en prison, il subit ensuite un interrogatoire; et d'après la question qu'on lui fit, il reconnut qu'il avait été trahi par ses prétendus amis. Il écrivit à Monsieur le commissaire de police Dubois, pour qu'il le fît comparaître devant lui; on le conduisit dans son cabinet, d'après l'ordre qui en fut donné, et il proposa au commissaire de lui faire arrêter les frères Quinet, qui avaient assassiné la femme d'un maçon, ainsi que d'autres voleurs qui se trouvaient dans ce moment à Lyon.

Vidocq ne mettait d'autre prix à ce service que celui d'obtenir sa liberté et de quitter promptement le pays. Le commissaire de police y consentit; et pour qu'on ne pût soupçonner qu'il avait servi l'autorité, il fut convenu qu'il s'échappe-

rait des mains de ceux qui le conduisaient en prison.

Tout réussit comme on l'avait
décidé, il retourna chez le juif où
il avait logé, qui lui annonça que
tous ses amis demeuraient maintenant à la Croix-Rousse.

Vidocq s'empressa d'aller auprès
d'eux ; ils le reçurent avec amitié,
ne se doutant pas qu'il avait des
relations avec la police. Il fournit
à M. Dubois tous les renseignemens
qu'il pouvait désirer, et se fit arrêter de nouveau.

Le lendemain, Vidal le juif, Caf-
fin, Neveu, Cadet-Paul et Déchamps
vinrent lui tenir compagnie.

Neveu paraissait soupçonner Vidocq, mais il parvint à lui prouver
qu'il n'était pour rien dans son arrestation.

M. Dubois le fit conduire à son cabinet avec d'autres détenus, sous le prétexte de les interroger, et il annonça à Vidocq que les nommés Jallier, dit Bombance ; Bouthey, dit Gadet ; Gouant, Buchard, Mollin, dit le Chapelier ; Marquis, dit Mondor, et autres voleurs célèbres, étaient arrivés de Paris pour exercer leur industrie à Lyon.

Vidocq lui observa que tous ces individus lui étaient inconnus ; mais que s'il pouvait les voir, il trouverait peut-être parmi eux d'anciens camarades de prison, car les voleurs changeaient souvent de nom.

Il fut donc décidé qu'on le mettrait en liberté le lendemain.

Neveu fut interrogé à son tour ; et en sortant, il apprit à Vidocq que le commissaire lui avait proposé de servir la police, mais qu'il l'avait refusé, ne voulant pas trahir ses camarades.

Vidocq lui observa qu'il avait fait une sottise ; et quant à lui, il avait accepté, préférant jouir de sa liberté. Neveu finit par être de son avis, et demanda à parler à M. Dubois. Comme Vidocq avait besoin de lui pour connaître les voleurs qu'il fallait arrêter, le commissaire consentit à le recevoir, et on le laissa s'évader, ainsi que Vidocq, des mains des agens qui les conduisaient pour les réintégrer en prison. Ils firent donc arrêter la bande dont nous avons parlé, au moment où elle était réunie dans l'église Saint-Nisier, pour dévaliser les fidèles qui assistaient à l'office.

Neveu n'étant plus nécessaire, on l'arrêta.

Quant à Vidocq, il partit pour Paris, muni d'un passeport que lui fit délivrer le commissaire de police Dubois.

Il prit la diligence, et coucha à Lucy-le-Bois. On oublia de le réveiller, et la voiture était partie depuis deux heures lorsqu'il se leva : il crut pouvoir la rejoindre, et courut après. Arrivé à St.-Brice, il fut arrêté parce qu'on lui trouva quelque ressemblance avec un individu qui avait commis un vol la veille dans le canton.

Il fut interrogé, examiné; mais l'identité n'étant pas complète, il fut mis en liberté. On se contenta de lui faire des excuses, en lui permettant de continuer sa route. Il prit une patache qui le conduisit à Paris; il ne jugea pas à propos d'y séjourner, et partit de suite pour Arras, où il arriva sans autre mésaventure.

Il ne se présenta pas d'abord à la maison paternelle ; il crut devoir aller chez une de ses tantes, qui lui apprit la mort de l'auteur de ses jours.

Il vit ensuite sa mère, qui l'accueillit avec tendresse, et lui annonça qu'il fallait qu'il se tînt caché : il y consentit, et pendant trois mois il ne sortit pas de la maison.

L'ennui le prit, il voulut sortir. On le reconnut, on vint pour l'arrêter chez sa mère ; mais les agens de police ne purent découvrir sa retraite.

Cet événement ne le corrigea pas. Le carnaval arriva, il sortit déguisé ; un sergent de ville eut des soupçons, et lui demanda son nom. Pour toute réponse, Vidocq le renversa d'un coup de poing, et prit la fuite : on suivit ses traces. Il cherchait à gagner les remparts, mais il s'enfonça dans un cul-de-sac. Les sergens arrivèrent, il faisait nuit, il leur montra une clé qu'ils prirent pour un pistolet ; la peur les saisit ; ils le laissèrent passer, et il rentra chez sa mère.

Vidocq prit le parti de quitter Arras ; on lui donna une pacotille de dentelles, et, muni d'un passe-port que lui fournit un nommé Blondel, il partit la nuit pour Paris. Arrivé dans la capitale, il vendit ses dentelles. Il était logé dans un hôtel rue St.-Martin ; il y trouva un commis marchand qui le plaça chez une dame qui avait un magasin de nouveautés à Versailles. Elle lui fit une déclaration ; il ne voulut pas l'écouter, et il la quitta au bout de dix mois et revint à Arras.

Obligé de se cacher et de ne sortir que la nuit, il fit la cour à une jeune personne ; il commit quelques indiscrétions, il fut découvert et sur le point d'être arrêté par les sergens de ville : il leur échappa en se jetant dans la rivière et en passant ensuite dans un égout.

Il y avait à Arras un dépôt de prisonniers autrichiens ; il en prit le costume, et, par ce moyen, il échappa quelque temps à la surveillance ; mais ses imprudences le firent encore découvrir, et il partit pour Rouen avec une femme qui se décida à le suivre.

Il se procura dans cette ville un nouveau passeport, toujours sous le nom de Blondel, et il fit un voyage au Havre. De retour à Rouen, il fit le commerce de bonnetterie avec cette femme; mais elle lui devint infidèle, et ils se séparèrent après avoir partagé leur avoir.

Sa mère était venue le rejoindre: ils prirent le parti d'aller à Versailles, et il se mit marchand colporteur. Il y rencontra un de ses anciens camarades avec lequel il avait eu quelques difficultés; celui-ci le dénonça, il fut arrêté et conduit à St.-Denis pour être ensuite transféré à Douai.

On le remit entre les mains des

gendarmes, qui l'attachèrent sur la charrete. Il parvint à s'échapper à Louvres ; mais ayant fait une chûte, il se foula le pied, ce qui ne l'empêcha pas de gagner la campagne ; mais dès qu'on s'aperçut de son évasion, on sonna le tocsin. Les paysans l'arrêtèrent, ils le remirent entre les mains de la gendarmerie, qui le conduisit à Bapaume.

Lorsqu'il fut dans la prison de cette ville, il offrit trois louis à un factionnaire pour qu'il favorisât son évasion ; mais il ne voulut point entendre cette proposition. Un matin que l'on ouvrit la porte de la prison, pour faire sortir des conscrits qui étaient dirigés sur le camp de Boulogne, il se glissa sur la civière d'une voiture qui était dans la rue, et sortit ainsi de la ville caché sous des bagages. Une fois dans la campagne, il entra dans un champ de colza, et attendit la nuit pour savoir le parti qu'il prendrait. Lorsque l'obscurité lui permit de se mettre en route, il prit celle de Boulogne ; il se trouva bientôt sur les côtes de la Manche ; il ne savait à quel saint se vouer, lorsque le hasard lui fit rencontrer un ancien camarade qui le fit embarquer sur un corsaire.

Le bâtiment mit en mer, et croisa sur les côtes d'Angleterre ; ils prirent un brick à l'abordage ; mais le capitaine fut tué ainsi qu'un nommé Lebel, caporal de canonniers. Il s'empara de ses papiers ; et lorsqu'ils furent rentrés à Boulogne, Vidocq prit du service dans l'artillerie, et il obtint le grade de celui dont il avait emprunté le nom.

Il eut l'indiscrétion de se faire connaître à un nommé Bertrand, qui le dénonça à la gendarmerie. Il fut arrêté, conduit à la prison de Boulogne, de là à Béthune, et ensuite à Douai.

A peine fut-il dans la maison de détention de cette ville, que tout le monde le reconnut. Le procureur-général lui promit de s'intéresser à lui, pour qu'il obtînt sa grâce ; mais comme les délais lui semblaient trop longs, et qu'il craignait le départ de la chaîne, il songea à s'évader encore. Un jour qu'il dînait avec le concierge, il profita du moment où il sortit de la chambre pour s'élancer dans la Scarpe par la croisée, qui n'était pas grillée, et il se sauva à la nage.

La nuit le favorisait. Il gagna la campagne, et se réfugia chez un de ses cousins à Hersin, où il se cacha pendant quelques jours.

Ayant appris qu'on le cherchait, il se couvrit d'un habit d'uniforme, se mit un bras en écharpe, et son parent le conduisit jusqu'à Paris dans sa cariole.

Il annonça son arrivée à sa mère, qui vint le rejoindre, et ils logèrent rue du Faubourg-Saint-Denis.

Il se lia avec une femme nommée Annette, et il fit avec elle le métier de colporteur. Ils parcouraient ensemble les environs de Paris. Ayant appris à Melun que le commissaire de police avait envie de lui demander ses papiers, il se hâta de revenir à Paris. Un jour qu'il allait près du Palais-de Justice, il vit passer le nommé Herbaux que l'on conduisait à la Grève pour y perdre la vie : c'était celui qui l'avait accusé d'avoir fait un faux.

Vidocq continuait son commerce et voyageait toujours. En passant à Auxerre, il s'y trouva en même temps que la chaîne, qui se rendait à Toulon. Cette rencontre l'effraya; il s'empressa de revenir à Paris, où Annette vint le rejoindre.

Il s'établit marchand tailleur cour Saint-Martin, et croyait y pouvoir vivre tranquille, lorsqu'on le fit demander rue Aumaire, chez un marchand de vin; il y courut, et fut surpris d'y rencontrer un forçat évadé nommé Blondy, qui réclama des secours. Il lui donna cinquante francs pour s'en débarrasser, et s'estima très-heureux d'en être quitte à ce prix.

Comme un bonheur ne va jamais sans l'autre, il rencontra sa femme, qui était à Paris avec toute la famille Chevalier. Ils logeaient rue de l'Échiquier. Il leur rendit visite et leur donna quelques secours.

En rentrant chez lui, il apprit que deux individus étaient venus le demander ; c'était Blondy et un autre voleur nommé Duluc. Ils leur porta quarante francs, en leur observant qu'ils avaient eu tort de venir chez lui, et qu'ils lui feraient perdre son établissement. Ils se moquèrent de ses frayeurs, et lui dirent qu'il viendrait voler avec eux; et ils le quittèrent.

Deux jours après, Blondy lui apporta de l'argenterie, provenant d'un vol, en exigeant qu'il lui donnât quatre cents francs. Il fut obligé de se soumettre pour éviter de plus grands malheurs.

Plus tard ils lui empruntèrent la voiture qui lui servait pour porter ses marchandises, et ils y cachèrent un homme après l'avoir assassiné ; ils la ramenèrent à Vidocq, qui, l'ayant trouvée ensanglantée, y mit le feu.

Ils lui proposèrent encore de commettre plusieurs vols ; ils les refusa, et finit par prévenir M. Henry, chef à la Préfecture de police, des projets de ces assassins.

On l'accueillit assez bien, mais sans lui promettre de faire droit à la demande qu'il présentait pour rester à Paris.

Quelques jours après, on vint pour l'arrêter ; il se cacha chez un voisin, et finit par s'échapper ; il fit parvenir de ses nouvelles à Annette, en cachant sa lettre dans un pâté.

Il alla ensuite chez sa femme, exigea que Chevalier lui donnât de l'argent, en mettant en gage son argenterie. Il le quitta ensuite, et acheta un habit d'invalide avec une jambe de bois ; et, sous ce déguisement, il se rendit rue Saint-Martin, pour avoir des nouvelles d'Annette. Il apprit qu'elle avait été arrêtée, et qu'on le cherchait toujours.

Il se cacha rue Tiquetonne, chez un mégissier, qui faisait la fausse monnaie avec un médecin ; il voulait quitter cette maison, où il courait de nouveaux dangers ; mais il fut arrêté, et quoique M. Henri lui eût promis de lui être utile en raison des révélations qu'il avait faites, il n'en fut pas moins conduit à Bicêtre pour attendre le départ de la chaîne.

On lui fit de nouvelles propositions pour s'évader, mais il les repoussa. Il écrivit de nouveau à M. Henri, pour lui faire connaître les projets des détenus de Bicêtre ; il offrit encore ses services, on les accepta, et il fut transféré à la Force.

C'est là qu'il vit pour la première fois Coco - Lacour, qui devint dans la suite son secrétaire, et plus tard son successeur. Il fit des confidences à Vidocq, qui en fit usage, et Lacour fut condamné à deux ans de prison.

Il mit plusieurs autres voleurs

sous la main de la justice, et les services qu'il rendit lui firent obtenir sa liberté.

Il trouva moyen de s'échapper de la voiture qui le transférait dans une autre prison : on ne se douta point que la police avait favorisé son évasion. Ce fut à cette époque qu'il fut employé par M. Henri en qualité d'agent secret.

Il fit encore arrêter un grand nombre de voleurs et d'assassins qui s'étaient réfugiés dans Paris, et y commettaient les plus grands désordres.

Il y avait d'autres agens attachés à la police qui le voyaient de mauvais œil et qui cherchaient à lui nuire, mais il parvint à déjouer leur projets : M. Henri le protégeait.

Chacun avait ses partisans. Vidocq vit un certain nombre d'agens des deux sexes se ranger de son côté, et c'est avec leur secours qu'il purgea la société d'un grand nombre de voleurs, qui abusaient de leurs titres de commissionnaires pour s'introduire dans les maisons et y commettre des délits de toutes les espèces.

Une dame Noël, mère d'un forçat, donnait asile à tous les voleurs et à tous les forçats qui se rendaient à Paris; il détruisit ce repaire, et la femme Noël fut renfermée pour six mois à St.-Lazare. Guytard, voleur fameux, fut arrêté par ses soins et conduit aux galères; il y avait été condamné à pérpétuité.

Depuis 1812, Vidocq n'était plus

agent secret ; il fut mis à la tête de la brigade de sûreté , et il eut deux agens sous ses ordres. Pendant l'année 1817 , il fit arrêter 772 individus.

Coco-Lacour, détenu à Bicêtre, demanda à faire partie de la brigade de sûreté , en promettant d'être utile et de ne plus commettre de fautes ; il y fut admis, et Vidocq lui ayant reconnu de l'intelligence, le choisit pour son secrétaire.

Vidocq commença à jeter les bases de sa fortune ; il avait établi son bureau rue Sainte-Anne, près la Préfecture de police, dans une maison louée *ad hoc*. Il occupait le premier, et il avait meublé les autres étages pour y loger ses agens.

Sa brigade était dévenue plus

nombreuse ; il la recrutait à volonté dans les diverses prisons de Paris, car, pour connaître les voleurs, il faut les avoir fréquentés.

Ils briguaient tous la faveur d'être sous les ordres de Vidocq. Il exigeait qu'ils menassent une conduite assez régulière ; la moindre faute était punie avec rigueur, et le coupable était réintégré dans la prison pour être remplacé par un autre candidat.

On rencontrait ses agens de tous les côtés ; et, sous différens costumes, lui-même prenait mille formes différentes pour arriver jusqu'à ceux que la police voulait atteindre.

Quelques-uns de ses agens tenaient des jeux sur la voie publique pour attirer les gens suspects. Des agens secrets se glissaient dans la foule pour observer les joueurs.

Les officiers de paix et les, inspecteurs qui, conjointement avec
Vidocq, étaient chargés d'arrêter
les voleurs, n'obtenant pas les mêmes succès, l'accusèrent, ainsi que
ses agens, d'être d'accord avec ceux
qu'il était chargé de mettre sous la
main de la justice, et qu'ils volaient
lorsqu'ils en trouvaient l'occasion.

Que fit Vidocq? il leur ordonna
de porter des gants; et, comme
jamais chat ganté n'a pris belle sou-
ris, cette calomnie tomba d'elle-
même.

Il n'avait cependant que des *for-*
çats libérés dans sa brigade; mais
la crainte et sa surveillance les for-
çaient de renoncer, au moins mo-
mentanément, à leurs anciennes habitudes.

Nous avons annoncé qu'il fit des ingrats, et nous allons en fournir la preuve ; historiens fidèles, nous devons la vérité à nos lecteurs.

Son secrétaire, Coco - Lacour, qu'il avait tiré de Bicêtre, et auquel il avait rendu des services (car parfois Vidocq était généreux et même obligeant) ; Coco - Lacour, par reconnaissance, intriguait pour le supplanter. La conspiration avait été ourdie par *Coco* et et un autre secrétaire nommé Decostard, dit *le procureur*, qui s'étaient adjoints les nommés *Utinet* et *Chrétien*.

Ils accusèrent Vidocq d'avoir fourni une pince de fer aux nommés Peyois, Leblanc, Berthelet et Lefebvre, pour commettre un vol ; mais cette calomnie retomba sur ses auteurs. Les voleurs eux-mêmes désavouèrent le fait malgré les instigations de ces quatre agens.

Quel était le motif de la haine de ces ingrats? Le voici.

Vidocq avait fait arrêter le nommé Colard, qui avait fabriqué de faux billets de la Banque de France. Cette administration crut devoir reconnaître le service que Vidocq avait rendu au gouvernement et à la société, en découvrant ce coupable, et ses agens eurent la prétention de partager avec lui le prix de son activité et de son intelligence.

Il leur donna une gratification, mais ils ne furent pas contens, et donnèrent leur démission au préfet de police, qui les renvoya à leur chef, en leur observant qu'ils étaient

à la nomination et au choix de Vidocq, et qu'il ne les connaissait
nullement pour des employés avoués
de son administration.

Ces contrariétés, ces tracasseries
ne l'arrêtaient point; il redoublait
de zèle, et répondait par des succès
aux criailleries de ses antagonistes.

Il était parfaitement servi par
tous ses agens, qui trouvaient le
moyen, en suivant ponctuellement
ses instructions, de se lier avec les
voleurs, et de connaître tous leurs
projets.

Il fit une rafle à la Courtille, à
l'auberge des *Enfans du Soleil*, où
se réunissaient les plus fameux
bandits qui exploitaient la capitale.

Il sut, dans une autre circonstance, inspirer assez de confiance à

un nommé Masson, pour qu'il l'engageât à le seconder dans un vol, et il le fit arrêter en flagrant délit.

En faisant ses rondes de nuit, il rencontra une bande de voleurs, cachés rue des Cultures-St.-Gervais, avec les objets qu'ils avaient volés. Ils cherchèrent à les vendre chez la femme Bras, rue de Bretagne, n.° 14 ; et des inspecteurs de police, placés près de la maison d'après les renseignemens qu'il avait transmis, se saisirent de tous les coupables.

Il s'était fait attacher avec l'un des voleurs, pour qu'on ne le soupçonnât pas d'avoir des intelligences avec la police. Ils ne le connaissaient d'ailleurs que sous le nom de Jean-Louis.

Cette ruse lui fut d'un grand secours pour connaître le reste de la bande, et ils furent tous condamnés aux galères.

La réputation de Vidocq s'accroissait, et s'il n'était pas devenu indispensable, au moins était-il très-utile.

Il était difficile qu'un voleur pût se soustraire long-temps à ses recherches; c'est ainsi qu'il fit arrêter un nommé Hottot, en lui promettant de le faire entrer à la police, comme agent; et ce voleur se rendit lui-même au corps-de-garde, espérant donner une preuve de son intelligence, pour faire connaître un forçat évadé.

Si Vidocq rendait service à l'autorité, la fortune le comblait aussi de ses faveurs. Ce n'était plus ce simple agent marchant dans l'ombre ; il avait un cabriolet, et il parcourait Paris avec la rapidité de l'éclair.

Il parvint encore à faire retrouver pour trois cent mille francs de diamans et de bijoux, et quinze mille francs d'argent, qui avaient été enlevés par le nommé Moisselet, sacriste de la paroisse de Livry, au sieur Senard, bijoutier au Palais-Royal, et au curé, qui avaient cru devoir cacher leurs effets dans la terre, de peur des Cosaques ; et le sacriste, auxquel ils s'étaient confiés, s'en était pieusement emparé.

Les nommés Winter et Chambreuil, filous renommés, qui avaient trouvé le moyen de s'introduire dans les meilleures sociétés de la capitale, tombèrent aussi dans ses filets.

Le hasard lui fit **rencontrer**, sur le boulevard, Christian et tous ses Bohémiens, qui étaient réunis dans un cabaret, ayant pour enseigne : *La Maison rustique.*

Il renouvela connaissance avec eux, et il apprit qu'ils étaient les auteurs d'un vol, commis chez un marchand de vin de la rue de Charenton.

Cette autre bande de brigands fut encore envoyée aux galères.

Le nommé Fontaine, boucher, demeurant à la Courtille, fut assassiné sur la route de Corbeil, et on lui vola quinze à dix-huit cents fr., qu'il avait sur lui pour acheter des moutons.

Les meurtriers le laissèrent pour mort, mais il revint à lui, et il fut transporté à Corbeil.

Un morceau d'assignation, trouvé sur la route, et ensanglanté, fit découvrir que les coupables étaient les nommés Court et Raoul, marchand de vin à la barrière Rochechouart ; Vidocq les arrêta, et ils lui firent l'aveu de leur crime. Quant au boucher Fontaine, il n'en mourut pas ; il fut leur rendre visite en prison, et leur demanda de l'argent, en leur annonçant qu'ils étaient condamnés à mort.

Il fut témoin de leur supplice, et montrait au peuple assemblé les cicatrices de ses blessures, afin de les apitoyer sur son sort. Mais l'insensibilité qu'il montra refroidit beaucoup la charité, on cessa de venir à son secours, et tous les cœurs lui furent fermés.

Vidocq rendit encore un service

éminent à la société, en la purgeant
des brigands qui s'étaient réunis
dans la forêt de Sénart.

Le sieur Bertrand, marchand de
vin, était lié assez intimement avec
un marchand de bois, nommé Rafflin. Un jour celui-ci lui fit la proposition de l'accompagner au port
de Charenton, où ils recevraient
pour 150 ou 200,000 fr. de marchandises, qu'ils introduiraient ensuite en fraude, dans Paris. Bertrand, qui était assez mal dans ses
affaires, accepta la proposition.
Quoique cette action ne fût pas très-
louable, il n'y voyait pas un crime ;
d'ailleurs il y a tant de soit-disant
honnêtes gens qui font la contrebande dans Paris, qu'il crut pouvoir suivre cet exemple.

Bertrand se rendit donc à Charenton avec Rafflin et quatre autres individus qui lui étaient inconnus ; ils arrivèrent à neuf heures du soir sur la route de Villeneuve-Saint-Georges.

Alors Rafflin ayant parlé en particulier à Bertrand, lui dit : « Ce n'est pas pour faire la contrebande que nous sommes ici, je dois t'en faire l'aveu ; mais pour attaquer la diligence. Nous sommes dans la gêne l'un et l'autre, et nous nous mettrons à l'aise par ce moyen. Il ne faut qu'une bonne occasion pour recueillir chacun 3o à 4o,ooo fr. Nous ne ferons aucune violence aux voyageurs ; nous ne prendrons que l'argent déposé dans la caisse de la voiture. »

Bertrand fut saisi d'horreur en entendant ce propos ; mais il crut prudent de dissimuler pour se tirer de ce mauvais pas, car s'il eût refusé ouvertement, les scélérats avec lesquels il se trouvait eussent pu l'assassiner.

Il se contenta de dire à Rafflin que ne sachant pas qu'il en était ainsi, il n'avait point pris d'armes à feu, et que d'ailleurs il n'avait point prévenu sa femme qu'il allait à la campagne.

Rafflin répliqua qu'il lui fournirait des armes, qu'il ne fallait pas qu'il s'inquiétât d'en trouver, et qu'il avait eu soin d'en cacher sous des morceaux de bois près l'entrée de la forêt de Sénart, où ils comptaient attaquer la diligence.

Bertrand persista à vouloir rentrer chez lui, Rafflin y consentit, et la partie fut remise au lendemain.

Rentré dans Paris, Bertrand, qui ne voulait être ni l'auteur ni le complice de semblables attentats, s'empressa de dénoncer ces faits au préfet de police, qui le renvoya à Vidocq, avec ordre de s'entendre avec lui, afin d'empêcher le crime et d'arrêter les brigands au moment où ils voudraient le commettre. On promit à Bertrand qu'il ne serait inquiété en aucune manière ; mais qu'il fallait qu'il continuât à fréquenter ces brigands, afin d'être instruit de tous leurs projets et du jour où ils voudraient définitivement commettre le crime. Bertrand y consentit, et dès ce moment, il vit très-fréquemment Vidocq, qui lui donna de l'argent pour acheter un pistolet, en lui recommandant de rejoindre Rafflin

et ses complices, pour leur annoncer qu'il était prêt à les seconder de
tout son pouvoir : il était aussi
très-important de connaître le jour
et l'heure de l'exécution.

Bertrand sentait très-bien qu'il
courait les plus grands dangers s'il
venait à être découvert par ces scélérats; mais il était rassuré par ses
bonnes intentions et le désir de
rendre service à la société.

Il se rendit près de Rafflin, qui
le prévint que l'affaire aurait lieu
le soir même, et il en donna avis
à Vidocq, qui en instruisit le préfet.

Ce magistrat lui donna l'ordre
de se mettre à la tête de tous ses
agens, et de se placer avec eux dans
la diligence, en ayant soin de s'armer.

Il était nécessaire de prendre

toutes ces précautions, car Rafflin
avait prévenu Bertrand que les armes seraient chargées, et qu'on ferait feu si les circonstances l'exi-
geaient.

Vidocq, suivi de ses agens, se
rendit au bureau des messageries,
et monta dans la diligence avec eux.

La voiture partit, et lorsqu'elle
fut parvenue près de la forêt de Sénart, à l'embouchure du chemin
qui conduit à Lieursaint, elle fut
arrêtée par Bertrand et les nommés
Laporte, Hochard, Pigeonneau, Rafflin et Renaud.

Vidocq et ses agens firent une
décharge de leurs armes sur les
brigands, et Bertrand, qui s'était
montré à la portière pour être reconnu par Vidocq, tomba comme

s'il eût été frappé à mort d'un coup de pistolet.

Les brigands firent feu de leur côté; mais voyant Vidocq et ses agens, qu'ils prenaient pour des voyageurs, s'élancer sur eux de l'intérieur de la voiture et de dessus l'impériale, la frayeur les saisit, et ils prirent la fuite; un des leurs était couché sur la poussière, et leurs craintes s'augmentaient encore.

Vidocq, en voulant courir après eux, était tombé et s'était blessé au bras; deux de ses agens l'avaient relevé et étaient restés auprès de lui, tandis que les autres poursuivaient les brigands dans la plaine. Ils suivirent leurs traces avec tant de succès et d'activité, qu'ils réussirent à les arrêter près de Vincennes.

On les conduisit à la Préfecture de police, où ils furent enfermés et ensuite interrogés.

Reynaud, qui se doutait du sort qui lui était réservé, voulant échapper au supplice et au déshonneur, s'étrangla dans la prison.

Quant à Laporte, Hochard, Pigeonneau et Rafflin, ils furent mis en jugement, traduits devant la cour d'assises du département de la Seine, qui les condamna, savoir : Laporte, Hochard et Pigeonneau à la peine de mort, et Rafflin aux travaux forcés à perpétuité.

On sut gré à Bertrand de la conduite qu'il avait tenue dans cette circonstance ; il se lava un peu de la faute qu'il avait commise en se liant avec des scélérats tels que Rafflin et compagnie, et il est à croire qu'il aura profité de la leçon pour être un peu plus difficile sur le choix de ses sociétés.

Vidocq et ses agens firent preuve de courage et d'intelligence dans cette occasion, et les routes des environs de Paris devinrent plus sûres.

L'arrestation de Cognard, dit de Pontis, comte de Sainte - Hélène , prouva encore que Vidocq ne manquait ni de courage ni d'intelligence. Les aventures de ce célèbre voleur méritent de trouver place ici.

Cognard (Pierre) , condamné à quatorze ans de fers pour crime de vol , trouva les moyens de s'évader du bagne de Brest ; il se réfugia en Espagne , et servit sous les ordres de Mina.

Son courage et sa bravoure le firent remarquer sur le champ de bataille, et il fut décoré de l'ordre d'Alcantara.

Pendant le séjour qu'il fit en Catalogne, il se lia avec une fille, nommée Maria - Rosa, qui avait servi dans la maison du comte de Pontis de Sainte-Hélène. Ce seigneur espagnol était mort depuis quelque temps ; elle s'était emparée de tous les titres de noblesse et autres papiers de famille de son maître ; elle les communiqua à Cognard, qui les conserva avec l'intention d'en faire usage au besoin.

Cognard vint ensuite en France en 1814 avec Maria-Rosa, et ils prirent le titre de comte et comtesse de Pontis. Enfin il poussa l'effronterie jusqu'à solliciter une audience de S. M. Louis XVIII, qui la lui accorda, trompé par le titre qu'il avait usurpé.

Cognard obtint un secours de la munificence du roi, comme réfugié espagnol, et il le suivit à Gand. Ce forçat avait tout ce qu'il fallait pour tromper et séduire, une taille avantageuse, de l'esprit, une élocution facile; enfin c'était un illustre voleur et un fripon distingué. Il parut avec avantage dans les meilleures sociétés, singea la probité et la vertu, et fut nommé lieutenant-colonel de la 7e légion (la Seine).

Cognard, dit Pontis de Sainte-Hélène, jouit assez long-temps d'une grande considération, et fut admis dans les meilleures sociétés de la capitale; mais il finit par être reconnu, et tout cet échafaudage de grandeur sur lequel il fondait ses espérances, s'écroula dans un instant.

Darius, forçat libéré, qui avait été au bagne le commensal de Cognard, étant venu à Paris, le reconnut sur la place Vendôme, où son régiment était réuni pour défiler la parade. Il le suivit, quoiqu'on lui eût dit qu'il se nommait Pontis, comte de Sainte-Hélène ; et il se présenta à son domicile, en demandant toujours Cognard sous son titre d'emprunt.

On l'introduisit près de son ancien camarade ; et lorsqu'ils furent seuls, Darius se fit connaître, en l'assurant qu'il ne découvrirait point la ruse, à l'aide de laquelle il trompait tout le monde. Il l'invita à venir à son secours, puisqu'il se trouvait dans l'aisance.

Cognard accueillit toutes ces propositions avec mépris, traita Darius d'imposteur, feignit de ne pas le reconnaître, et le renvoya.

Darius se retira avec l'intention de se venger; il se présenta au ministère de l'intérieur, et annonça le motif de ses démarches. On le renvoya auprès du lieutenant-général comte d'Espinois, qui commandait la première division militaire, Cognard se trouvait alors sous ses ordres.

Darius se rendit auprès du général, qui, après l'avoir entendu et afin de connaître la vérité, le retint au quartier-général, en lui faisant donner ce dont il avait besoin, car il mourait de faim. Il donna l'ordre à un gendarme de se rendre sur-le-champ chez le

comte de Pontis, pour qu'il vînt
sans délai près de lui.

Cognard ne tarda pas à paraître,
et le général Despinois lui annonça
sans façon ce dont il était question.
Cognard repoussa avec indignation
ce qu'il appelait un mensonge et
une calomnie ; et le général fit paraître Darius, qui répéta, en présence de Cognard, ce qu'il avait
déjà dit au général. Cognard fut un
peu étonné de l'apparition de son
ancien camarade du bagne ; mais il
se remit aussitôt, et l'accusa de
médisance, d'infamie et même
de lâcheté; il ajouta que, pour le
confondre, il demandait que le général lui permît d'aller chercher
des papiers qui prouveraient l'im-
posture de son dénonciateur. Le
général y consentit, et Cognard

partit accompagné d'un officier de l'état-major qui ne devait pas le quitter.

Arrivés rue Basse-St-Denis où logeait Cognard-de-Pontis, ils montèrent dans son appartement, où se trouvait la comtesse. Cognard lui annonça ce qui lui était arrivé ; elle s'écria que l'honneur, la vertu et la probité n'étaient pas à l'abri de la méchanceté, mais que M. le comte se justifierait facilement ; l'officier d'état-major fut de son avis.

Cognard passa dans une autre chambre, sous prétexte de chercher les papiers dont il avait besoin, et prenant le costume de son frère, qui lui servait de domestique, il se revêtit de sa veste, se coiffa de sa casquette, mit une serviette autour de lui, et, le plumeau à la main, il descendit promptement par un escalier dérobé, et disparut.

L'officier se lassa d'attendre, quoique la conversation de la comtesse lui procurât une agréable distraction. Il demanda si M. le comte était bientôt prêt à partir. La dame sonna, un domestique parut; c'était le frère; et lorsqu'on le questionna pour savoir où était Cognard-de-Pontis, il répondit qu'il était sorti.

L'officier déplora son aveugle confiance, et partit. Arrivé au quartier-général, où il rendit compte de l'événement, il fut très-mal reçu du comte d'Espinois, qui le mit aux arrêts.

Quant à Cognard, il se réfugia chez un voleur de ses amis, nommé Lexcellent, qui demeurait rue St-

Maur, n° 72, près la barrière des Trois-Couronnes. Il y resta deux jours, et il partit ensuite pour Toulouse avec Lexcellent et les nommés Saffieri et Carretti, autres voleurs. Ils furent quinze jours absens, et revinrent à Paris. Ils essayèrent de voler la caisse de Poissy ; et Cognard, s'étant introduit dans le bureau avec Lexcellent, Saffieri et Carretti, sous le prétexte de changer un billet pour de l'argent, s'empara de la clé. Le caissier se douta qu'il avait affaire à des voleurs, et appela à son secours. Ils se sauvèrent ; on voulut les arrêter, mais ils montrèrent des pistolets. Ceux qui les retenaient furent effrayés, et les lâchèrent. Lexcellent seul ne pût échapper. Conduit chez le commissaire de police, il fut interrogé ; il déclara son domicile , et on l'y transféra pour faire perquisition. La porte était fermée , Cognard s'y trouvait ; on frappa, il se douta que c'était l'autorité, et se sauva par une fenêtre.

On eut recours à un serrurier , et on acquit la preuve que Lexcellent était un voleur ; car sa chambre recelait des pistolets, des poignards, des habillemens pour se déguiser, et des effets qui prouvaient sa culpabilité.

Vidocq reçut l'ordre d'arrêter tous ces brigands ; il prit ses mesures en conséquence, et avec tant d'adresse, que, s'étant mis en embuscade avec ses agens près de la maison de Lexcellent, il s'empara de Cognard et de Saffieri à onze heures du soir, au moment où ils rentraient. Les deux voleurs voulurent se défendre, il y eut de part et d'autre des coups de pistolets de tirés, et un agent de Vidocq fut blessé.

Carretti fut arrêté quelques jours après; ils furent tous mis en jugement, et condamés, savoir :

Cognard, aux travaux forcés à perpétuité ;

Saffieri, à dix ans ;

Carretti et Lexcellent, à cinq ans.

Maria-Rosa et le frère de Cognard furent arrêtés ; la femme fut mise en liberté ; on ne put lui prouver qu'elle était complice de son prétendu mari. Pour Cognard frère, comme il fit des révélations, et qu'il n'avait point figuré dans les vols commis par son aîné, il fut seulement détenu pendant quelque temps.

Cognard, dit Pontis, comte de Sainte-Hélène, fut conduit à Toulon, et mis à la double chaîne. Il ne sort point du bagne. On a rapporté dans le temps que Maria-Rosa l'avait suivi, et lui faisait remettre des secours. On dit encore que Cognard montre assez de fermeté et de courage, et qu'il n'a pas renoncé définitivement à ses titres et à ses dignités; il se berce toujours de quelques espérances, il reste à savoir si elles se réaliseront.

Vidocq débarrassa encore la capitale de plusieurs voleurs qui, chaque nuit, commettaient quelques larcins du côté du marché des Jacobins. Les nommés Pitron, Gaudet, sa mère et la fille Marchand, sa maîtresse, faisaient des excursions la nuit, et ne rentraient jamais sans avoir dépouillé quelqu'honnête habitant de Paris qui dormait trop profondément. Vidocq en fut instruit ; il se mit en faction avec ses agens dans un champ, rue des Morts, faubourg du Temple, en face la maison où logeait Gaudet, et il vit toute la bande rentrer à quatre heures du matin, chargée de marchandises volées chez un épicier du marché des Jacobins.

Il les laissa pénétrer chez eux, et à six heures il s'y présenta lui-même. Pitron et Gaudet voulurent opposer de la résistance, mais elle fut inutile ; Vidocq et ses agens s'en rendirent maîtres, et les conduisirent chez le commissaire de police. Ils passèrent ensuite en jugement ;

Pitron et Gaudet furent condamnés à quinze ans de travaux forcés; la mère Gaudet à huit ans, et la fille Marchand à dix ans de réclusion.

On voit que Vidocq justifiait par son activité et son zèle la confiance de l'autorité.

La police avait été informée que le nommé Fossard, forçat évadé du bagne de Brest, s'était rendu à Paris. Ce voleur, aussi adroit que courageux, était très-redouté; il marchait toujours armé de pistolets, et il avait en outre un talent tout particulier pour se déguiser et tromper tous les yeux.

On savait qu'il vivait avec une fille nommée Tonneau, et qu'ils habitaient rue Montorgueil, depuis la rue Française jusqu'à celle du Petit-Carreau.

Vidocq reçut l'ordre de découvrir Fossard; il arriva jusqu'à son logement, grâce au bavardage d'une bossue, amie de la fille Tonneau; mais il était déménagé sans qu'on eût connaissance de sa nouvelle demeure.

Il ne perdit pas courage; il prit langue près des commissionnaires, et il finit par trouver celui qui avait transporté les meubles de Fossard.

Il sut, grâce à l'argent qu'il donna à l'Auvergnat, que Fossard logeait au coin de la rue Duphot, chez le marchand de vin, et qu'il avait pris le nom de Hazard.

Il avait, ainsi que sa prétendue femme gagné la confiance du marchand de vin et de son épouse, au point qu'ils les regardaient comme de très-honnêtes gens.

Vidocq se présenta chez eux et parvint à les détromper. Dès qu'ils connurent la vérité et les dangers qu'ils couraient en logeant chez eux un pareil scélérat, ils lui promirent de l'aider de tous leurs moyens pour parvenir à l'arrêter. Vidocq se rendit chez le marchand de vin avec plusieurs de ses agens et des gendarmes. Ils y arrivèrent à la nuit, et lorsqu'ils surent que Fossard était rentré et qu'il pouvait être couché, le neveu du marchand de vin monta, et frappa à la porte en demandant de l'eau de Cologne pour sa tante, qui se trouvait mal.

La femme Hazard se leva et ouvrit la porte; un gendarme lui couvrit la bouche d'un mouchoir pour l'empêcher de crier. Vidocq entra dans la chambre, et s'élança sur

Fossard, qui était couché. Il sut le contenir, et profita de la frayeur qu'il lui inspira : il s'était noirci la figure. Ses agens mirent les menottes au redoutable Fossard.

Il fut long-temps sans proférer une parole; mais, revenant à lui, il fit un mouvement pour s'emparer d'un poignard et de ses pistolets qui étaient sur la table de nuit; mais tout avait été prévu, et il fut obligé de se résigner à son sort.

On trouva chez lui sept à huit mille francs en argent, des bijoux, et dix mille francs en billets de caisse cachés sous le marbre d'une console.

Il fut ensuite conduit à la Préfecture, et l'idendité ayant été constatée, il fut transféré au bagne, où il finira sa carrière.

Fossard était un des brigands les plus déterminés qui aient paru depuis long-temps ; il savait braver tous les dangers, et plus d'une fois on l'a vu s'élancer par des fenêtres, ou du toit des prisons, pour échapper à ceux qui le poursuivaient. Il se tirait sain et sauf de ces terribles épreuves.

Il a juré une haine immortelle à Vidocq ; et s'il parvenait à s'échapper du bagne, celui-ci aurait peut-être tout à craindre de sa vengeance.

Malgré toutes les dénonciations de ses deux secrétaires qui l'avaient quitté, et les calomnies qu'ils soufflaient à d'autres agens qui avaient suivi leur bannière, Vidocq n'en continuait pas moins le cours de ses opérations, et il inspirait une terreur salutaire à tous les malfaiteurs.

Ces deux employés, Lacour et Decostard, se croiaient non-seulement utiles, mais encore indispensables; il leur prouva qu'il pouvait se passer d'eux, et qu'ils n'avaient jamais été que les débiles bras d'un corps dont il était la tête et l'unique moteur.

Et d'ailleurs, qu'étaient ces deux individus? S'ils avaient acquis quelque consistance, ils la lui devaient: il les avait arrachés à la misère et à l'oubli honteux des prisons. S'ils avaient un peu d'aisance, s'ils avaient un lit pour se reposer, ils les lui devaient; s'ils pouvaient, ainsi que leurs femmes, faire le métier de colporteurs, c'est à l'argent qu'ils avaient gagné sous ses ordres, aux gratifications qu'il leur avait accordées, qu'ils étaient même redevables de cette espèce de fortune. Et ils le payaient de la plus noire ingratitude, en l'accusant de méfaits qui n'existaient que dans leur imagination !

En supposant même que Vidocq ne fût pas à l'abri de tous reproches, étaient - ils donc si purs ses calomniateurs et ses accusateurs ? nous le leur demandons. Qu'ils fassent leur examen de conscience, et ils trouveront en eux un juge beaucoup plus sévère que nous ne le serions nous-mêmes.

Vidocq devenait chaque jour plus indépendant ; la révision de son jugement lui avait valu une grâce ou une absolution pleine et entière. Les services qu'il avait rendus, la protection et la bienveillance de l'autorité, avaient également plaidé sa cause ; et si on ne pouvait le regarder ni le citer comme un modèle de vertu, au moins n'était-ce pas un criminel, un scélérat, tel que le peignaient ceux qui avaient peut-être plus besoin que lui d'un petit coup d'éponge épuratoire,

Il avait encore eu le bon esprit de se faire un sort indépendant du caprice de la fortune, des hommes, des circonstances et des événemens. Quelques spéculations lui avaient réussi, il avait placé des fonds avec avantage ; et si quelques envieux se permettaient de le poursuivre de leurs sarcasmes, la misère qui les accablait le vengeait assez.

Il était encore en butte aux propos indiscrets et malins de quelques agens de la police qui, parfois, étaient trop heureux de trouver dans sa bourse un paiement anticipé de leurs appointemens : tel était un nommé Regnier, agent secret de la police Franchet et Gienaudet, qui, par reconnaissance, remettait de temps en temps des rapports contre celui dont il réclamait la généreuse assistance.

Chacun en parlait, le vantait ou le dépréciait. Le lieutenant-général commandant la première division militaire voulut le voir ; il se présenta chez lui, et il fut étonné de rencontrer dans Vidocq un homme au-dessus de sa réputation, et qui eût pu briller dans la société. Avec une éducation plus soignée, il y eût fait fortune.

Le sieur Séguin, créancier du

fameux Ouvrard, lui dut l'arrestation de ce fournisseur millionnaire, qui use sa vie à la Conciergerie, et dont le séjour lui plairait assez, si le temps n'avait pas des ailes : il y vit en petit sybarite.

Vidocq a été généreusement récompensé pour cette capture ; ses ruses et sa finesse eussent été sans succès, si celui qui était chargé des intérêts du munitionnaire Ouvrard eût su mettre à profit les renseignemens qui lui avaient été donnés ; mais sa sécurité et son insouciance furent la cause de la prise de son client. Nous le dirons en passant, quelles que soient les faveurs de la fortune, elles ne dédommagent pas d'un prix mille fois plus précieux, de la liberté !

Vidocq avait encore quelques

jouissances qui pouvaient flatter son amour - propre, douze ou quinze cents individus des deux sexes, qui avaient subi des condamnations, ou qui avaient figuré dans les bagnes pour des délits plus ou moins graves, étaient soumis à sa surveillance : tel individu et telle dame qui étaient admis dans les sallons de la capitale et dans ces différens cercles qu'on est convenu d'appeler la bonne société, venaient chaque mois s'humilier devant Vidocq, et faire noter la carte dont ils étaient porteurs.

Que de Cognards existent dans Paris, qui n'oseraient pas changer de chemise en public, parce que leur épaule stygmatisée décèlerait leur turpitude ! et ces individus, qui médisaient de Vidocq, mendiaient mensuellement un service de monsieur Jules.

On l'a souvent accusé de ne pas découvrir tous les voleurs qui commettaient des larcins dans Paris ; était-ce sa faute ?.... Non. Citons un exemple à l'appui de cette assertion.

L'épouse d'un des premiers fonctionnaires de la capitale perdit ses bijoux ; ils étaient d'un prix assez considérable. On fit une enquête, on visita avec un soin extrême tous les effets des domestiques de l'hôtel : on ne trouva rien.

Vidocq fut consulté ; il répondit que ce vol n'avait pu être commis que par un *intime*, et très-intime ami de... la... maison ; et le fait a été, pour ainsi dire, avéré. Quelques indiscrétions échappées à ces gens pour lesquels il n'est point de héros ni de grand homme, ont prouvé que Vidocq avait eu raison.

Des billets, tracés par une main dont l'amour conduisait la plume et qui avaient été lacérés et jetés inconsidérément dans une cheminée, ramassés et rapprochés avec soin par une femme de chambre curieuse, ont encore prouvé qu'on avait pu annoncer un vol pour cacher ou voiler ce que nous tairons, car toute vérité n'est pas bonne à dire. On voit que Vidocq a le mot de plus d'une énigme; et souvent celui qui le dédaigne, ou en parle avec mépris, a plus à rougir que lui.

Il éprouva souvent des contrariétés par la méchanceté et l'insouciance de ses agens, qui mettaient

aussi de la négligence dans l'exécution des ordres qu'il leur donnait.

L'amitié et d'anciennes liaisons
paralysaient souvent leur zèle ; mais
le chef s'apercevait promptement
de cette partialité, et si le coupable, en apparence, ne réparait
pas sa faute ou ne détruisait pas
le soupçon, la faute était punie
avec sévérité. Il faut encore lui
rendre cette justice, il voyait tout
par lui-même; il avait, en outre,
établi une tactique parmi ses agens
qui lui réussissait parfaitement : ils
étaient tous les surveillans les uns
des autres, et c'était à qui ferait
des confidences pour obtenir un
sourire louangeur du patron.

Il connaissait toutes les choses
qu'on pouvait lui opposer, et il en
créait même de nouvelles. Il a mé-

rité dans cette partie un brevet d'invention, et même de perfectionnement.

Un individu qu'il voulait arrêter trouvait-il le moyen de se soustraire à ses regards, de sortir de son domicile ou d'y entrer inaperçu; le portier, séduit ou gagné, celait-il celui qu'on recherchait, en disant qu'il était à la campagne ou que la chambre était vacante? un agent parvenait à s'introduire dans la maison, et, à l'aide de deux petites boulettes de pain qui retenaient les deux bouts d'un cheveu, il les plaçait l'une sur la porte, et l'autre sur le montant, dans un endroit que lui seul connaissait, et lorsque cette faible entrave était brisée, alors on était certain que la porte avait été ouverte. D'après ce renseignement tacite, mais certain, des agens, placés jour et nuit près de la maison, finissaient par atteindre celui qu'on cherchait.

Avait-on la preuve qu'un homme était chez lui, mais qu'il ne répondait pas quoiqu'on eût soin de frapper à sa porte; alors deux agens se rendaient chez le particulier, ils frappaient plusieurs fois. Si l'autre se tenait clos et couvert, un des agens prenait un crayon dans sa poche et traçait quelques mots sur la porte, en ayant soin d'y mettre un peu de force pour qu'on l'entendît.

Cette opération terminée, il descendait, et faisait du bruit sur les degrés pour qu'on ne doutât pas de son départ; mais l'autre agent restait blotti près de la porte, et placé de manière qu'en ouvrant on ne pouvait l'apercevoir. Qu'arrivait-il alors? que celui qui se cachait, ayant entendu descendre et voulant connaître celui qui avait écrit sur sa porte, l'ouvrait. Fatale curiosité! l'agent qui était resté en védette se présentait alors pour aider à déchiffrer l'écriture, et le pauvre diable tombait dans les filets de Vidocq. L'autre agent reparaissait bientôt, et ils le conduisaient de compagnie au bureau du chef.

Souvent il se plaçait près du lieu où ses agens devaient opérer avant qu'ils y fussent rendus; il voyait tout ce qui se passait sans qu'ils pussent le découvrir, et il dispensait la louange ou le blâme suivant l'occurence : on ne pouvait lui en imposer.

Coco-Lacour et Decostard, ses deux secrétaires, en le quittant, avaient été suivis par un nommé Chrétien, autre agent, et ils avaient conservé des intelligences avec ceux qui restaient dans la brigade, en leur annonçant qu'ils feraient destituer Vidocq, et qu'on ne pourrait se dispenser de les nommer à sa place; comme étant les seuls en état de le remplacer; ils ajoutaient même modestement que sans eux, il n'eût jamais réussi dans aucune de ses entreprises.

Ils trouvaient encore des échos dans cette classe de mauvais sujets, auxquels Vidocq inspirait une terreur salutaire.

Il n'y avait pas jusqu'aux agens de la police qui ne s'en occupassent, quoiqu'il avançât à plusieurs d'entre eux quelques cents francs sur leurs appointemens; mais l'ingratitude et la médisance étaient la monnaie courante de ces messieurs.

Souvent des commissaires de police et des officiers de paix qui venaient de lui serrer la main, parce qu'ils avaient besoin de son assistance, en parlaient avec dédain lorsqu'ils étaient loin de lui. Vidocq savait tout cela, et il s'en moquait; il était devenu, pour ainsi dire, indépendant. Il devait à son emploi, à ses économies et à son industrie, un revenu qui pouvait lui procurer une existence agréable; et, pour se soustraire à toutes ces persécutions, il prit le parti de se retirer, et renonça à ses fonctions.

Les uns ont dit que sa retraite avait été forcée, d'autres ont affirmé le contraire ; nous ne nous permettrons point de prononcer dans cette affaire. Ce que nous savons, et ce qui est de notoriété publique, c'est que Vidocq se trouve à l'abri de toute inquiétude, puisque l'autorité le laisse en paix.

S'il eût été aussi coupable qu'il a plu à certaines gens de le répandre, croit-on que l'ex-chef de la brigade de sûreté de la Préfecture de police pourrait parcourir à son gré la capitale ? Non, certainement, il est des choses dont la loi et la clémence ne peuvent jamais nous absoudre.

Vidocq a rempli ses fonctions avec zèle, avec activité, disons mieux, avec succès.

On lui a nommé un successeur, un remplaçant, mais sa réputation n'en a reçu aucune atteinte; son nom n'est point encore éclipsé.

On fait bien mouvoir les mêmes ressorts ; la brigade de sûreté est composée des mêmes agens, des mêmes élémens; mais l'impulsion n'est plus la même : il y a-t-il donc faiblesse, inertie, insuffisance de moyens ? Les résultats ne sont plus aussi prompts ; on serait, en quelque sorte, obligé de dire :

Tel brille au second rang, qui s'éclipse au premier.

Nous n'en parlons que dans l'intérêt de la société, car il nous importe peu que tel ou tel soit à la tête de la brigade de sûreté.

Vidocq, après avoir quitté les

affaires publiques, habite aux portes de Paris.

Il a fait construire une maison commode et agréable à St-Mandé, près de Vincennes.

Il y a établi des ateliers, une manufacture de papiers peints; il emploie, à ce qu'on dit, comme ouvriers, des hommes qu'il arracha ainsi à l'oisiveté, et peut-être à de mauvais penchans. Ils ont pu se convaincre, par l'expérience, combien il était dangereux de s'y abandonner; et c'est encore un service qu'il rend à la société.

Il put aussi leur donner d'utiles leçons. Leurs usages, leurs mœurs, leur *dialecte*, tout lui est connu; il parlera *ex professo*.

Le voilà dans le port, à l'abri des orages et des tempêtes; il ne

craint plus les oscillations de l'in-
constante fortune.

Lorsqu'assis dans son jardin, à
l'ombre des arbres qu'il a plantés,
ou auprès de son feu, et qu'il s'a-
bandonne à ses réflexions entre son
sapajou et ses deux dogues qui lui
battent de la queue, et montrent sans
doute les dents aux importuns, il
lui est permis de se dire à lui-même :
« Ma réputation vaut bien celle de
» de tel ou tel individu, qui ne doit
» son importance et la considéra-
» tion dont il jouit qu'au mystère
» dont il a enveloppé certaines ac-
» tions de sa vie.

» Il craint le grand jour, une
» vérité qui pourrait éclore ! Pour
» moi, je me suis fait connaître ;
» mes Mémoires sont là ; il est peu
» d'hommes qui aient parlé avec

» autant de franchise de toutes les
» actions de leur vie, et je m'aban-
» donne tranquillement au destin,
» qui, après m'avoir fait éprouver
» bien des vicissitudes, me permet-
» tra sans doute de finir ma carrière
» dans cette paix profonde que l'on
» cherche souvent en vain sur la
» terre. »

FIN.

9 782329 071589